Alexander Unger
Gedankenstrudel

Gedankenstrudel

Alexander Unger

Mein Weg aus dem Sog - und zurück ins Leben

Impressum

Bibliografische Information der Deutschen Nationalbibliothek: Die Deutsche Nationalbibliothek verzeichnet diese Publikation in der Deutschen Nationalbibliografie; detaillierte bibliografische Daten sind im Internet über http://dnb.dnb.de abrufbar.

Die automatisierte Analyse des Werkes, um daraus Informationen insbesondere über Muster, Trends und Korrelationen gemäß §44b UrhG („Text und Data Mining") zu gewinnen, ist untersagt.

© 2025 Alexander Unger

Verlag: BoD · Books on Demand GmbH, Überseering 33, 22297 Hamburg, bod@bod.de

Druck: Libri Plureos GmbH, Friedensallee 273, 22763 Hamburg

ISBN: 978-3-8192-4527-5

Inhaltsverzeichnis

MEINE GESCHICHTE UND ZIEL DIESES BUCHES

Wer bin ich?

Mein Name ist Alexander Unger. Ich bin 44 Jahre alt, Vater von zwei wundervollen Töchtern und lebe mit meiner Lebensgefährtin und unseren Kindern in Berlin.

Was ich dir in diesem Buch erzählen möchte, ist keine Theorie – es ist meine Geschichte. Es ist die Geschichte eines langen, dunklen Weges durch Depression, Autoaggression, PTBS und DIS. Und es ist eine Geschichte über Hoffnung, über Heilung, und über die Kraft, sich selbst wiederzufinden.

Ich bin kein Experte im klassischen Sinn – kein Arzt, kein Therapeut. Aber ich bin ein Mensch, der über 27 Jahre lang mit diesen Krankheiten gelebt, gekämpft und überlebt hat. Und der heute sagen kann: Der Weg hinaus ist möglich.

Was ich erlebt habe, hat mir vieles genommen – aber auch einiges geschenkt. Und genau diese Erfahrungen möchte ich mit dir teilen. Vielleicht findest du dich in manchen Gedanken wieder. Vielleicht helfen dir einige meiner Erkenntnisse, dich selbst besser zu verstehen oder neue Wege zu sehen.

Meine Reise

Meine Reise begann nicht mit einem lauten Knall, sondern schleichend – mit Gefühlen, die ich nicht einordnen konnte. Mit Gedanken, die sich wiederholten. Mit Ängsten, die immer lauter wurden. Ich war gefangen in einem Strudel aus Dunkelheit, aus innerer Leere, aus Gedanken, die mich klein und wertlos machten. Ich verlor mich – Stück für Stück.

Irgendwann wurde alles so laut in mir, dass ich wusste: Es muss sich etwas ändern. Ich musste mich stellen – den Gefühlen, den Erinnerungen, dem Schmerz. Ich musste lernen zu verstehen, warum ich so fühlte, wie ich fühlte.

Und als ich begann, mich wirklich mit mir selbst auseinanderzusetzen, erkannte ich: Ich bin nicht allein. Ich bin nicht schuld. Und ich bin nicht kaputt.
Von diesem Moment an begann mein Weg in Richtung Heilung.
Kein leichter Weg – aber ein echter.

Warum dieses Buch?
Weil ich weiß, wie verdammt einsam es sich anfühlen kann, wenn man glaubt, niemand versteht, was in einem vorgeht.
Weil ich weiß, wie schmerzhaft es ist, zu funktionieren, obwohl man innerlich längst zerbrochen ist.
Und weil ich weiß, wie wichtig es ist, zu hören: **Du bist nicht allein. Und du bist nicht verloren.**

Dieses Buch ist für dich.
Für alle, die gerade kämpfen. Für alle, die auf der Suche sind. Für alle, die spüren, dass da noch mehr sein muss als das, was der Schmerz einem einreden will.

Ich möchte dir Mut machen. Ich möchte dir zeigen, was mir geholfen hat – und was auch dir helfen könnte.
Nicht als perfekte Anleitung. Sondern als ehrliche, offene Hand, die dir sagt:

Du kannst es schaffen. Und es lohnt sich.

Danke, dass du meine Geschichte liest.

Dein Alex

PART 1: MEIN LEBEN UND DER SCHMERZ

1. Die ersten Symptome:

Schon im Kindesalter, als ich etwa acht Jahre alt war, begann mein innerer Kampf. Ich erinnere mich noch genau an die ersten Momente, als ich mit einem schlechten Gefühl zur Schule ging. Diese Unsicherheit und das schmerzhafte Ziehen in meiner Brust, das immer stärker wurde, wenn der Gedanke an die Schule aufkam. Die Quelle dieser Ängste war meine Klassenlehrerin. Ihr Umgang mit mir machte mir immer mehr Sorgen. Sie gab mir immer wieder zu verstehen, dass ich nichts wert bin. Die ständigen Demütigungen, die ich durch sie erlebte, und das Mobbing, das sie mir aussetzte, hinterließen tiefe Wunden. Es schien, als sei ich immer derjenige, der nichts richtig machen konnte – der, der nie gut genug war.

In meiner Kindheit habe ich all diese negativen Worte und Botschaften von der Lehrerin aufgesogen. Ich begann zu glauben, dass ich wirklich nichts wert war, dass ich nichts schaffen konnte. Diese schmerzhafte Vorstellung von mir selbst begleitete mich in den kommenden Jahren. Ich fühlte mich von der Welt entfremdet und suchte nach einem Weg, mit dieser inneren Unruhe und dem Schmerz umzugehen.

Die Antwort darauf war – Vermeidung. Ich begann zu schwänzen, um dem Schmerz und den Ängsten zu entkommen. Doch es war nicht nur das. Ich baute mir ein Schutzschild aus Lügen auf, ein Kartenhaus, bei dem jede Karte eine Lüge war, die ich mir selbst erzählte. Ich hatte gelernt, dass es besser war, nichts zu sagen, als meine wahre, verletzte Seite zu zeigen. Auf die Frage: 'Wie geht's dir? Wie war die Schule?' antwortete ich stets mit 'Alles gut', obwohl ich innerlich zerbrach.

Diese Lügen, die ich mir selbst erzählte, dienten als Rüstung, um mich vor der Welt zu schützen. Aber sie ließen mich auch immer weiter in eine eigene, dunkle Welt abdriften. Eine Welt, in der ich mich selbst bestrafte. Ich begann schon im Kindesalter, mich selbst zu quälen – mir die Luft abzudrücken oder mich mit Gegenständen zu verletzen. Stellen, an denen niemand es sah. Ich dachte, ich müsse das tun, weil ich es nicht wert war, dass mir Gutes widerfährt. Wenn ich mal einen Moment des Glücks erlebte oder Lob erhielt, verspürte ich sofort den Drang, mich zu bestrafen. Ich war es nicht wert, gelobt zu werden. Ich war es nicht wert, glücklich zu sein.

2. Der innere Kampf

Zu Beginn war ich noch zu jung, um meine Symptome wirklich einordnen zu können. Ich bemerkte nur, dass ich mich immer weiter von mir selbst entfernte und begann, immer tiefere Bestrafungen zu erfinden, um nicht in ein absolutes Loch zu fallen. Diese Bestrafungen, die ich mir auferlegte, wurden zu einer Art schmerzhaften Befriedigung. Anfangs wusste ich nicht, was mit mir los war, aber ich wusste, dass sie – diese Bestrafungen – notwendig waren. Ich fühlte, dass sie ein Teil von mir wurden. Ich konnte die Symptomatik nicht als negativ wahrnehmen. Im Gegenteil, ich brauchte sie. Sie waren das Einzige, was mich irgendwie in Schach hielt. Ich wusste, dass es nicht normal war, aber ich musste Wege finden, diese Geheimnisse zu wahren. Niemand durfte die Spuren erkennen.

Es war, als hätte ich zwei verschiedene Versionen von mir: Der „Alex", der verletzlich, empathisch und sensibel war, und dann der „andere Alex", der immer mehr die Oberhand gewann. Dieser „andere Alex" versteckte den echten Alex, sperrte ihn buchstäblich weg. Der „andere Alex" war stärker, robuster, ein Schutzschild, der sich durch die Welt bewegte und den wahren Schmerz und die Verletzlichkeit hinter einer Fassade verbarg. Dies war ein Kampf, der mich

jahrelang begleitete. Der innere Kampf zwischen dem echten „Alex"
und dem „anderen Ich" war wie ein ständiger Krieg, den ich täglich
mit mir selbst führte. Über Jahre hinweg hatte der „andere Alex" gewonnen.

In meiner Jugend hatte ich mich irgendwann mit dieser „falschen"
Identität abgefunden. Ich erfand mir eine neue Realität und akzeptierte sie als „normal". Ich baute ein Netz aus Lügen, das mich von
der Außenwelt abgrenzte und mich vor meinen Ängsten schützte.
Doch hinter dieser Fassade kämpfte ich ständig darum, mein Leben
irgendwie aufrechtzuerhalten. Jedes Wort, das ich sprach, musste so
gewählt werden, dass es der Lüge entsprach. Jede Geste, jede Hand-
lung, alles musste Teil des Kartenhauses aus Lügen sein, das ich ge-
baut hatte. Ich musste immer auf der Hut sein, um nicht zu versagen
und das Gerüst zum Einsturz zu bringen.

Inmitten all dieser Lügen und Täuschungen fühlte ich mich schwach,
doch ich konnte diese Schwäche durch meine „Maske" gut verber-
gen. In meiner eigenen Welt war ich „normal", und das war alles, was
ich zu wollen schien. Das Kartenhaus schützte mich, aber es ließ
mich auch zunehmend von meiner eigenen Realität entfernen. Ich
hatte mich so an dieses „erfundene" Leben gewöhnt, dass ich begann, es zu glauben. Der Schmerz, den man mir zugefügt hatte, war
weit entfernt und nicht mehr greifbar. Doch es gab bis zu einem bestimmten Moment niemanden, dem ich mich wirklich anvertrauen
konnte. Es gab keinen Menschen, dem ich mich öffnen konnte, ohne
Angst, dass er hinter meine Fassade blicken würde.

Und die, die versuchten, hinter diese Fassade zu schauen, die Menschen, die mein „Spiel" durchschauten, hasste ich. Ich fürchtete sie,
weil sie meine Kontrolle bedrohten. Deshalb mied ich sie, be-
schimpfte sie und baute Mauern um mich, damit sie mich niemals
wirklich erreichen konnten. Das war meine Art, mich zu schützen.
Doch je mehr ich mich von der Außenwelt abschottete, desto weiter
entfernte ich mich von dem, was ich eigentlich war.

3. Die Frage nach der Hilfe

Das Thema Schwäche beschäftigt mich, während ich diese Zeilen hier schreibe, doch mehr als ich erwartet hätte. In dieser Zeit habe ich mich tatsächlich immer als schwach empfunden, aber diese Schwäche konnte nur erkannt werden, wenn man hinter meine Fassade blickte. Doch diese Fassade war zu dieser Zeit so stark und fest, dass sie nur schwer zu durchbrechen war. Mein 'zweites Ich' hatte die vollständige Kontrolle übernommen und regelte alles, was ich tat. Es gab keinen Raum mehr für das 'echte Ich'. Das war das Leben, das ich gekannt habe, und es war zu diesem Zeitpunkt mein einziger Weg, um zu überleben.

Ich durfte und konnte mich niemandem anvertrauen. Diese Gedanken und Gefühle waren so tief in mir vergraben, dass ich sie beinahe nicht mehr wahrnahm. Die Bestrafungen, die Demütigungen, die ich mir selbst auferlegte – sie waren normal geworden. Sie waren ein Teil von mir, eine Art stiller Vertrag, den ich mit mir selbst abgeschlossen hatte. Es war kein Aufschrei mehr, sondern eine Art von innerer Logik, die sich zu dieser Zeit wie mein einziges Zuhause anfühlte.

Ab der Pubertät, etwa mit 13 oder 14 Jahren, begann ich mich nicht mehr isoliert zu fühlen. Ich lebte einfach mein Leben weiter, als ob alles in Ordnung wäre. Das 'echte Ich' existierte zu dieser Zeit praktisch nicht mehr. Ich hatte Freunde, ging mit ihnen raus, hatte Spaß und lachte. Aber es gab nie wirklich tiefgründige Gespräche oder Momente, in denen ich mich geöffnet hätte. Wir redeten nie über persönliche Themen – weder mit meinen Freunden noch zu Hause. Und wenn meine Eltern, besonders meine Mama, versuchten, mit mir zu sprechen, hatte ich mein Kartenhaus und die Lügen so weit verinnerlicht, dass sie keine Chance hatten, zu sehen, was wirklich in mir vorging. Ich war ein Meister im Lügen, im Verdrängen und in der Manipulation meiner eigenen Welt.

Mein Hauptziel war immer, dass mich niemand wirklich erkennt – dass niemand hinter meine Fassade schaut. Ich wollte unbedingt vermeiden, dass jemand herausfand, was wirklich in mir vorging. Und so schützte ich mich, indem ich mich weiter in meine Lügenwelt zurückzog.

PART 2: DER WEG ZUR ERSTEN HILFE – EIN LANGER PROZESS

1. Erste Anzeichen der Notwendigkeit – Eine leise Erkenntnis

Der Moment, in dem ich zum ersten Mal spürte, dass etwas nicht in Ordnung war, war erschreckend. Ich selbst habe es nämlich lange nicht wahrgenommen. Ich war 16 oder 17 Jahre alt, als ich begann, immer mehr zu merken, dass der Druck, den ich aufbaute, meine ganze Existenz zerfraß. Es war nicht direkt ein 'Moment', sondern ein langsamer, schleichender Prozess. Ich lebte immer noch bei meinen Eltern und hatte mein Leben unter Kontrolle – zumindest dachte ich das. Die Lügen und das Verstecken meiner wahren Gefühle, das Kartenhaus, das ich so gut gepflegt hatte, begannen langsam zu bröckeln.

Es war die physische Erschöpfung, die mich eines Tages übermannte. Ich merkte, wie mich die ganze Situation – die ständigen Lügen, das Verdrängen, die Bestrafungen – mehr und mehr schwächte. Mein Körper schrie förmlich nach einer Pause, doch der innere Kampf war noch nicht wirklich greifbar für mich. Ich wurde immer trauriger, die Bestrafungen, die ich mir selbst auferlegte, wurden härter, körperlicher. Ich begann, die Schule und die Lehrer zu hassen, und alles um mich herum schien mir zunehmend egal zu werden. Am schlimmsten war jedoch, dass ich mir selbst egal wurde. Ich verlor mich in den Bedürfnissen der anderen, versuchte, ihnen zu helfen und deren Sorgen zu übernehmen – als eine Art 'menschlicher Müll-eimer'. Das war die einzige Bestätigung, die ich noch bekam: zu hel-fen, zu geben, selbst aber nichts zu verlangen. So konnte ich wenigs-tens noch ein wenig an meinem Wert glauben.

Doch dann, eines Abends, wurde der Druck zu viel. Ich war völlig erschöpft, emotional ausgelaugt und nicht mehr in der Lage, den Tag zu ertragen. Die ständige Erschöpfung ließ mich nicht schlafen, also suchte ich nach einem Ausweg. Ich ging zu einem Arzt und bekam Schlaftabletten verschrieben. Aber ich nahm sie nicht wie vorgese-hen, nur eine halbe oder eine ganze – ich nahm sie hintereinander, immer mehr, bis ich die ganze Packung leerte. Ich wollte nicht nur schlafen – ich wollte für immer einschlafen.

Und in diesem Moment hätte es wohl auch geklappt, wenn meine El-tern mich nicht rechtzeitig gefunden hätten. Ich weiß nicht mehr, was danach passierte, nur dass der Moment, als ich die Tabletten nahm, der letzte war, an den ich mich erinnere. Alles danach ver-schwamm. Wie lange ich 'geschlafen' habe, was mit mir passiert ist – ich weiß es nicht. Aber es war der Scheidepunkt. Mein Gerüst aus Lügen und Verdrängung wurde brüchig. Es stand zwar noch, aber es war instabil. Ich konnte es nicht länger aufrechterhalten.

2. Die erste Begegnung mit der Hilfe – Ein zaghaftes Öffnen

Nach dem Vorfall mit den Schlaftabletten war alles anders. Mein Kartenhaus war zwar noch da, aber es hatte Risse, die ich nicht mehr ignorieren konnte – und schon gar nicht verstecken. Die ersten Therapiestunden begannen, aber sie fühlten sich nicht wie eine Lösung an. Mein 'zweites Ich' kämpfte weiterhin gegen das 'echte Ich'. Es wollte nicht zugeben, dass ich Hilfe brauchte – es wollte mich weiterhin in der Isolation halten und der Vergangenheit nicht ins Gesicht blicken.

Es war ein seltsames Gefühl: Einerseits wusste ich, dass ich etwas verändern musste, aber andererseits weigerte sich mein Inneres, diesen Schritt zu gehen. Ich wollte immer noch die Kontrolle behalten, die Macht über mich selbst – und dazu gehörte es, alles zu leugnen und weiter zu lügen. In den Therapiestunden log ich oft. Ich täuschte, verschleierte und redete um den heißen Brei herum. Meinen Therapeuten oder meine Therapeutin sah ich damals nicht als Verbündete. Vielmehr erschienen sie mir wie Gegner – wie Feinde, die meine Schutzmauer durchbrechen und mein sorgsam aufgebautes Kartenhaus zum Einsturz bringen wollten. Und dennoch gab es dieses kleine, leise 'echte Ich', das mich immer wieder dazu brachte, zu den Terminen zu gehen. Ich hätte auch schwänzen können, das war mein Mechanismus der Vermeidung. Aber irgendwie zog es mich doch dorthin, ich konnte nicht anders. Es war der erste Schritt auf dem langen Weg, den ich anfangs noch gar nicht richtig begreifen konnte.

In den ersten Sitzungen ging es viel um oberflächliche Themen. Ich versuchte, den Therapeuten von mir fernzuhalten, meine inneren Dämonen nicht zu zeigen. Aber das war der Moment, in dem die ersten Diagnosen ausgesprochen wurden: schwere Depressionen und Autoaggression. Es war der erste Moment, in dem ich nicht nur das 'Kartenhaus' sah, sondern auch das, was sich darhinter verbarg. Doch

das Thema PTBS blieb noch außen vor. Dafür war mein 'Gerüst'
noch zu stark, und ich traute mich nicht, an die tiefen Ursachen zu
gehen. Ich war noch nicht bereit, mich mit der vollständigen Wahrheit zu konfrontieren. Aber die ersten Schritte zur Veränderung waren gemacht.

3. Die erste Unterstützung

In meinen frühen Jahren der Therapie wechselte ich oft den Therapeuten. Immer dann, wenn ich das Gefühl hatte, an einem Punkt zu
sein, an dem ich mich öffnen müsste, aber die Angst vor dem, was
ich entdecken würde, viel zu groß war. Es war eine Art Flucht: Bevor
ich mich wirklich öffnen konnte, verließ ich die Sitzung oder die
Therapie. Die Therapeuten hatten kaum eine Chance, wirklich an
mich ranzukommen. Meine Angst war zu stark, und die Vorstellung,
dass ich mit meinen schlimmsten Erlebnissen konfrontiert würde,
war unvorstellbar. Ich zog es vor, oberflächliche Themen anzuspre-
chen. Ich redete viel über meine musikalischen Künste, wie sehr ich
Klavier, Orgel und Gitarre liebte, welche Musik ich hörte – all das
war belanglos, es gab keine emotionale Tiefe. Aber wenn es um die
wirklich wichtigen Themen ging, wich ich aus.

Einmal jedoch kam es zu einer Sitzung, die mich vollkommen über-
forderte und ich verlor die Kontrolle. Eine Therapeutin hatte vorge-
schlagen, mit mir eine Übung im ‚Traumwandeln' zu machen. Ich
dachte, ich könnte die Kontrolle bewahren, wie immer. Doch das
war nicht der Fall. Während der Sitzung tauchten Bilder vor meinem
geistigen Auge auf, Bilder, die ich nie erwartet hätte, und die Angst,
die ich fühlte, war überwältigend. Die Therapeutin schaffte es, hinter
die Mauern zu blicken, die ich so lange aufgebaut hatte, ohne sie zu
zerstören. Ich fühlte mich so verletzlich wie nie zuvor. Als die Sitzung vorbei war, war ich völlig verunsichert, und ich wusste, dass ich

diese Therapeutin nie wiedersehen würde. Sie hatte etwas aufgedeckt, das ich so lange verschlossen hatte.

An diesem Punkt wurde mir zum ersten Mal richtig bewusst, wie viele Geheimnisse tief in mir verborgen waren. Ich hatte so lange alles verdrängt, aber jetzt merkte ich, dass ich nicht mehr die Kraft hatte, alles zu verstecken. Der ‚Stein‘ hatte zwar noch nicht angefangen zu rollen, aber ein Teil des ‚Halteseils‘ war gekappt. Ich hatte Angst vor dem, was kommen könnte, und vor der Vorstellung, dass ich mich tatsächlich mit dem, was in mir war, auseinandersetzen musste. Doch gleichzeitig wusste ich, dass es keinen anderen Weg gab.

4. Der Auszug – Der Wendepunkt

Mit 18 Jahren stand ich an einem Wendepunkt in meinem Leben. Fast auf den Tag genau, als ich volljährig wurde, traf ich die Entscheidung: Ich ziehe aus. Dieser Schritt war mehr als nur der Wunsch nach einer eigenen Wohnung. Es war die Suche nach Unabhängigkeit und Freiheit. Endlich würde ich einen Ort haben, an dem ich mich nicht mehr verstellen musste, an dem ich "mein echtes Ich" leben konnte. Doch diese vermeintliche Freiheit war in Wahrheit ein perfider Plan meines zweiten Ichs. Ich dachte, jetzt könnte ich mich so richtig selbst bestrafen, ohne dass jemand es mitbekommt.

Ich zog in ein kleines Hochhaus in Berlin-Lankwitz, in den 10. Stock. Die Aussicht war traumhaft, und ich fühlte mich wie der König der Welt. In den ersten Wochen war alles noch neu und aufregend, doch dann setzte das unaufhaltsame Gefühl ein: "Alex, du darfst dich nicht freuen!" Mein zweites Ich übernahm wieder die Kontrolle, und mein innerer Kampf begann von Neuem. In meiner Wohnung konnte ich alles tun, was ich wollte, ohne dass jemand ein Auge auf mich hatte. Ich konnte mich in aller Ruhe selbst bestrafen und das Gefühl von Kontrolle über mein Leben wiederfinden. Es war schmerzhaft, erniedrigend – aber auch eine seltsame Befriedigung, die mich immer mehr einnahm.

Während dieser Zeit hatte ich eine Ausbildung zum Kaufmann für Bürokommunikation begonnen, doch diese wurde immer mehr zur Farce. In der Praxis konnte ich mitarbeiten, aber in der Berufsschule war ich nie präsent. Ich schwänzte die Schule regelmäßig, weil mich die Vorstellung, vor anderen Menschen zu stehen, vor den Lehrern und Mitschülern, einfach lähmte. Es war eine quälende Angst, die mich dazu brachte, die Schule zu meiden und mich in einer nie endenden Spirale von Vermeidung und Selbstsabotage zu verlieren.

Als ich dann im zweiten Lehrjahr mitgeteilt bekam, dass ich nie zur Prüfung zugelassen werden würde, war das nicht überraschend. Doch die Konsequenzen trafen mich hart. Ich hatte keine Ausbildung, kein Einkommen. Aber es war mir egal. Die Miete für meine Wohnung, die Stromkosten – all das kümmerte mich nicht. Ich wollte es nicht mehr wissen, hatte mich selbst völlig aus den Augen verloren. Das Geld, das ich noch hatte, verschwand für die nötigsten Dinge, aber selbst das war keine Priorität. Irgendwann blieb mir nichts anderes übrig, als keine Miete mehr zu zahlen. Ich redete mir ein, dass es keinen Unterschied machte, da ich eh nichts mehr "wert bin". Und natürlich war diese Situation auch eine Bestätigung dessen.

Es dauerte nicht lange, bis die ersten Mahnungen ins Haus flatterten. Ich ignorierte sie, bis der letzte Brief kam: die endgültige Aufforderung zur Zahlung. Die Wohnung würde mir gekündigt werden, und das war der Moment, an dem mein Kartenhaus endgültig zu wanken begann. Ein tiefes Loch brach unter mir auf, und ich sah keinen Ausweg mehr. In meiner Verzweiflung rief ich meine Mutter an und verabschiedete mich von ihr. Zu dieser Zeit hatte ich bereits einen Plan gefasst – den Plan, aus dem 10. Stock zu springen. Ich hörte traurige Musik, die von Freiheit, Liebe und Träumen sprach – Themen, die ich niemals wirklich gekannt hatte.

Doch meine Eltern hatten einen anderen Plan. Als sie mit einem Ersatzschlüssel bei mir eintrafen, brach meine Fassade endgültig. Inmitten des Chaos und der Verzweiflung saß ich auf dem Sofa, als mein Vater und meine Mutter mich mit den Worten ansprachen: "Na los, Karten auf den Tisch!" Zum ersten Mal in meinem Leben öffnete ich mich. Und sie reagierten prompt – sie drängten mich, in eine Klinik zu gehen. Das war der Wendepunkt. Hier begann mein erster Schritt in die Richtung, mich endlich mit mir selbst auseinanderzusetzen.

5. Der erste Klinikaufenthalt

Der erste Schritt in eine psychosomatische Klinik war für mich ein bedeutender Wendepunkt. Es war der Moment, an dem ich mich nicht mehr länger hinter meiner Fassade verstecken konnte und endlich gezwungen war, mich mit der Realität meiner Krankheit auseinanderzusetzen. Die Vorstellung, dass ich mir selbst eingestehen musste, dass ich Hilfe brauchte, war für mich ein großer Schritt – einer, der mich mit Angst erfüllte. Doch gleichzeitig wusste ich, dass ich an einem Punkt angekommen war, an dem ich nicht mehr weiterwusste. Der Weg, den ich bisher eingeschlagen hatte, konnte nicht der richtige sein.

Trotzdem gab es zu Beginn des Klinikaufenthalts eine große Abneigung in mir. Ich wusste, dass es notwendig war, aber tief in mir weigerte ich mich. Ich hatte dieses Gefühl: „Ich gehöre hier nicht hin. Ich bin keiner der ‚Bekloppten'." Der Gedanke, in einer Klinik zu sein, wo es so viele Menschen mit ihren eigenen, teils schweren Geschichten gab, fühlte sich für mich nicht richtig an. In meinen Augen war ich doch nicht „verrückt", wie viele der anderen Patienten, die scheinbar ihre Leben nicht mehr im Griff hatten. Der Gedanke, mich selbst in diese Gruppe einzuordnen, fühlte sich furchtbar an. Ich wollte nicht akzeptieren, dass auch ich Hilfe brauchte.

Doch tief in mir wusste ich, dass ich keine andere Wahl hatte. Die Klinik war der einzige Ort, an dem ich überhaupt noch Hoffnung auf Hilfe sah. Der Entschluss, in die Klinik zu gehen, war nicht leicht, aber notwendig. Es war der Moment, an dem ich mich nicht mehr um den Schutz meines „zweiten Ichs" kümmern konnte, sondern gezwungen war, mich dem zu stellen, was in mir vor sich ging.

Der erste Klinikaufenthalt war eine Herausforderung. Die ersten Tage waren geprägt von Unsicherheit und Überforderung. Ich wusste, dass ich mich öffnen musste, doch wie sollte ich das tun? Das war etwas, das ich nie zuvor gemacht hatte. In der Klinik traf ich auf Menschen, die sich zu öffnen versuchten, doch ich hatte das Gefühl, dass ich von einer anderen Welt kam. Die Gespräche in der Gruppe waren von einer Offenheit geprägt, die mir fremd war. Es war, als ob ich in einer Welt voller Menschen lebte, die sich selbst zu verstehen versuchten, während ich in meiner eigenen Welt gefangen war.

Und dann war da auch der Moment, in dem ich zum ersten Mal das Gefühl hatte, dass mein Schutzschild, das ich über Jahre hinweg aufgebaut hatte, tatsächlich zu bröckeln begann. Zum ersten Mal seit Jahren musste ich mir eingestehen, dass es nicht mehr weiterging, wenn ich weiterhin versuchte, mich zu verstecken. Die Therapie war anfangs eine Herausforderung – ich log, ich verdrängte, versuchte die Kontrolle zu behalten. Doch irgendwo in mir gab es einen Funken, der mir sagte, dass ich weiterkommen musste. Und so ging ich immer wieder zu den Therapiestunden. Obwohl mein „zweites Ich" versuchte, mich zurückzuhalten, war mein echtes Ich stark genug, mich wieder hinzuführen.

Es war in dieser Zeit, dass ich zum ersten Mal mit einer echten Diagnose konfrontiert wurde. Depressive Episoden, Autoaggression – all das, was ich jahrelang verdrängt hatte, wurde benannt. Aber das PTBS – das war noch nicht an der Reihe. Ich war noch nicht bereit, mich den traumatischen Erlebnissen meiner Vergangenheit zu stellen. Aber mit der Zeit begann ich, immer mehr über mich selbst zu lernen.

Insgesamt war ich zehn Wochen in der Klinik „Seehof“. Die ersten Wochen war ich stationär untergebracht, aber innerlich sträubte sich alles in mir gegen den Aufenthalt. Trotz der Tatsache, dass ich wegen suizidaler Tendenzen eingeliefert worden war, gelang es mir, die Klinikleitung davon zu überzeugen, dass ich die Behandlung teilstationär fortführen konnte. Mein Zuhause war nicht allzu weit entfernt, ich hatte ein Auto, und ich legte überzeugend dar, dass von mir keine akute Gefahr mehr für mein eigenes Leben ausging. Wieder einmal hatte ich es geschafft, andere von etwas zu überzeugen – oder vielmehr zu manipulieren. Mein Talent, mich sprachlich geschickt auszudrücken und Situationen zu meinen Gunsten zu lenken, war mir auch hier von Nutzen.

So vergingen die Wochen. Ich nahm die Angebote der Klinik wahr, beteiligte mich an den Gesprächsrunden und ließ es so aussehen, als ob die Behandlung bei mir erfolgreich anschlug. Dabei nutzte ich diese Runden eher als Bühne, um mein gewünschtes Bild nach außen zu projizieren. Es war ein vertrautes Spiel: Ich ließ die anderen das sehen, was ich wollte, dass sie sahen. Und es funktionierte. Die Therapien liefen weiter, ich machte mit – aber innerlich hielt mein zweites Ich weiterhin fest die Kontrolle.

6. Der erste Schritt in die Ehrlichkeit

Nach dem „erfolgreichen" Klinikaufenthalt war ich medikamentös gut eingestellt. Die Antidepressiva wirkten, und ich begann langsam, mich an ein Leben ohne ständige Depressionsattacken zu gewöhnen. Meine Stimmung war insgesamt stabiler, und es fühlte sich an, als würde ein grauer Schleier sich langsam heben. Doch ich wusste, dass dies nur der Anfang war. Der Klinikaufenthalt war der erste Schritt – nun folgte die eigentliche Arbeit.

Regelmäßig, einmal pro Woche, saß ich in einem kleinen Behandlungsraum meinem neuen Therapeuten gegenüber. Leider habe ich den Namen dieses Mannes vergessen, so wie ich vieles aus meinem „alten" Leben verdrängt habe. Doch an eines erinnere ich mich genau: Er war mein „Endgegner".

Er wurde mir vom Berliner Institut für Psychotherapie und Psychoanalyse (BIPP) vermittelt und galt als Koryphäe auf dem Gebiet der Verhaltenstherapie. Als ich ihn das erste Mal traf, war es ein reines Kennenlerngespräch – eine Art Abtasten, ob wir miteinander arbeiten konnten. Ich war mir sicher, dass ich auch ihn lenken konnte, so wie ich es mit den anderen geschafft hatte. Mein 2. Ich war noch stark, und ich war ein Meister darin, meine Fassade aufrechtzuerhalten und andere in dem Glauben zu lassen, ich hätte alles unter Kontrolle.

Doch er war anders. Seine Art war ruhig, direkt und unnachgiebig. Ich spürte sofort, dass ich ihn nicht manipulieren konnte. Mehr noch – er schaffte, was niemand zuvor geschafft hatte: Er begann, einzelne Karten aus meinem sorgsam errichteten Lügen-Kartenhaus zu ziehen. Es war kein lauter, dramatischer Moment. Kein Schreien, kein Wutausbruch. Es war ein schleichender Prozess, fast unmerklich – bis es irgendwann einfach einstürzte.

Alles, woran ich geglaubt hatte, alles, was ich mir über die Jahre eingeredet hatte, war plötzlich weg. Ich saß in diesem Raum und fühlte mich nackt, schutzlos. Das war einer der ersten wirklich schlimmen Momente in meinem Kampf gegen die Krankheit. Mein Kartenhaus war nicht nur Schutz, es war mein Überlebensmechanismus gewesen. Und nun war es fort. Die Wut auf diesen Therapeuten war unermesslich. Ich hasste ihn. Aber noch mehr hasste ich mich selbst dafür, dass ich es nicht hatte verhindern können.

Nach diesem Zusammenbruch herrschte tagelange Stille in mir. Ich sprach mehrere Sitzungen lang kein Wort. Doch er blieb ruhig, drängte mich nicht. Und irgendwann, langsam, begann ich zu reden – zum ersten Mal ehrlich.

Was dann folgte, war ein Tsunami an Erinnerungen. Dinge, die ich jahrelang verdrängt hatte, brachen über mich herein. Ich erinnerte mich an die Demütigungen in der Schule, an die Schreie meiner Klassenlehrerin, an den beißenden Geruch des Mülleimers, über dem ich mit dem Gesicht stehen musste, während die ganze Klasse zusah. Ich erinnerte mich an die Momente, in denen ich in den Schrank im Klassenraum gesperrt wurde, an das höhnische Lachen meiner Mitschüler und die Kälte in ihren Blicken. Und ich hörte wieder die Stimme dieser Frau:

„Wenn du zu Hause etwas sagst, wird es nur noch schlimmer!"

Ihr Gesicht, ihre Statur – alles war wieder da. Der Hass auf diese Frau brannte in mir wie ein Feuer. Bis heute hat sich dieses Bild in meine Seele eingebrannt. Lehrer sind für mich bis heute „Feindpersonen". Selbst Jahre später, wenn ich Elternabende besuchte, kroch die Panik wieder in mir hoch. Meine Hände zitterten, mein Herz raste, und ich wollte mich nur noch unsichtbar machen.

Dieser Therapeut zwang mich, mich meinen Erinnerungen zu stellen. Es war, als hätte ich eine alte Tür aufgestoßen, die jahrzehntelang verschlossen war. Und dahinter lag nur Dunkelheit. Aber er blieb an meiner Seite. Er half mir, mich dieser Dunkelheit zu stellen, Schritt für Schritt.

Doch der Weg war lang. Der Moment, in dem mein Kartenhaus einstürzte, war nicht der Moment der Befreiung – er war nur der Anfang. Das war der Moment, in dem ich realisierte, dass mein Kampf noch lange nicht vorbei war. Ich war nackt, verletzlich und hatte nichts mehr, hinter dem ich mich verstecken konnte. Und der Weg aus dieser Dunkelheit sollte noch viele Jahre dauern.

Insgesamt brauchte ich 27 Jahre, um mich aus diesem inneren Gefängnis zu befreien. Und dieser Moment – der Moment, in dem alles einstürzte – war der erste große Schritt auf diesem Weg.

7. Der Beginn eines neuen Weges

Nachdem mein „Kartenhaus" endgültig zusammengebrochen war, versuchte ich, mein Leben auf irgendeine Weise wieder in den Griff zu bekommen. Ich entschied mich, eine zweite Ausbildung zu beginnen – diesmal als „Zierpflanzengärtner für Mikrobiologie und Gentechnik" an der Freien Universität. Es war ein neuer Versuch, in die normale Welt zurückzukehren, in die Welt, die sich so sehr von der meines inneren Gefängnisses unterschied. Ich wollte zeigen, dass ich es „konnte", dass ich es mir noch wert war, ein Leben zu führen, das nicht nur aus Therapie und Rückschlägen bestand.

Doch der Weg war alles andere als einfach. Während der Ausbildung war ich häufig von inneren Dämonen geplagt. Zwar war ich ein wenig stabiler als während meiner ersten Ausbildung, aber die Ängste und Selbstzweifel ließen mich nie wirklich los. Ich fühlte mich oft wie ein Außenseiter – zu schüchtern, um mich wirklich einzubringen, und gleichzeitig von einem ständigen Gefühl der Unzulänglichkeit übermannt. Hinzu kam die Tatsache, dass ich mich in meinem neuen

Umfeld nie wirklich wohlfühlte. Das zog mich immer weiter in eine Spirale der Vermeidung.

Ich hatte in der Ausbildung einen Ausbilder, der homosexuell war, und zu ihm fühlte ich mich auf seltsame Weise unwohl. Zwar war er freundlich, aber seine Nähe war oft zu viel für mich. Es gab Momente, in denen er mir zu nahe kam – mehr, als es mir angenehm war. Doch ich war damals nicht in der Lage, meine Grenzen klar zu setzen. Der Schmerz, der durch diese Übergriffe ausgelöst wurde, war schwer greifbar, aber er war da, und er zog mich weiter in meine Vermeidungstaktik. Ich ging immer weniger zur Ausbildung, meldete mich bei den Veranstaltungen nicht ab und pflegte mein Berichtsheft nicht mehr. Es war wie ein sich selbst erfüllender Fluch: Je weniger ich mich einbrachte, desto mehr gewann mein „2. Ich" wieder die Kontrolle und sagte mir: „Siehst du? Du hast es nicht verdient. Du kannst das eh nicht."

Tatsächlich schaffte ich es wieder nicht, die Ausbildung abzuschließen. Ich hatte zu viele Fehlzeiten und kam nicht auf die erforderliche Mindestanzahl an Stunden, um zur Prüfung zugelassen zu werden. Der alte Kampf begann von Neuem. Das Gefühl der Niederlage brannte wie ein Feuer in mir. Doch trotz allem wollte ich mich nicht geschlagen geben. Ich wollte nicht einfach aufgeben und meinem „2. Ich" wieder die Oberhand lassen.

Ein weiteres großes Problem, mit dem ich konfrontiert war, war, dass meine Therapie-Stunden, die ich in den vorherigen Jahren aufgebraucht hatte, nun beendet waren. Mein Krankenkassenkontingent war aufgebraucht, und ich konnte keine neuen Sitzungen beantragen, um mich weiter von außen unterstützen zu lassen. Ich fühlte mich verlassen und allein mit meinen Dämonen. Es war ein erschütternder Moment, der mir einmal mehr zeigte, wie hilflos ich mich fühlte.

Doch in diesem Moment des Gefühls des Verlassenseins, als alle externen Stützen weggefallen waren, begann ich, einen anderen Weg zu suchen. Ich wusste, dass ich mir selbst helfen musste – dass ich lernen musste, ohne die Hilfe von außen weiterzukommen. So begann ich, mich mit mir selbst auseinanderzusetzen, ohne den Rückhalt meiner bisherigen Therapiestunden. Ich begann, nach neuen Wegen zu suchen, um die Selbstzweifel zu bekämpfen, die immer noch in mir nagten. Der innere Konflikt war weiterhin da, aber ich wusste, dass ich nicht aufgeben durfte.

Ich hatte keinen Plan, keinen klaren Weg vor mir. Aber ich war entschlossen, es zu versuchen. Ich entschied mich, all das Wissen, das ich aus meinen Therapien und den Strategien, die ich bis zu diesem Punkt entwickelt hatte, in die Praxis umzusetzen. Ich versuchte, kleine Schritte zu machen – einen nach dem anderen, so gut ich konnte. Es war nicht einfach, aber in dem Moment, als ich merkte, dass ich nicht aufgeben durfte, begann ich, meinen inneren Widerstand zu überwinden. Ich ging in die Selbsthilfe, suchte nach Wegen, mich nicht mehr als „verloren" zu sehen.

Dieser Moment war ein Wendepunkt.

8. Ein Schritt in Richtung Selbstständigkeit

Nach den Fehlschlägen meiner ersten beiden Ausbildungen, sowohl zum Kaufmann für Bürokommunikation als auch zum Zierpflanzengärtner für Mikrobiologie und Gentechnik, wusste ich, dass ich einen anderen Weg einschlagen musste. Der Gedanke, mich erneut den Strukturen einer präsenten Ausbildung zu unterwerfen, löste in mir Panik aus. Ich brauchte eine Alternative, eine Möglichkeit, meinen Abschluss zu erreichen, ohne dem Zwang einer täglichen Anwesenheit ausgesetzt zu sein. Diese Alternative fand ich in einem Fernstudium.

2006 begann ich ein Studium zum IT-Berater mit Schwerpunkt auf Geschäftsoptimierung und Gesprächsführung für leitende Angestellte. Die Universität war in Hamburg, doch dank der modernen Strukturen musste ich nicht vor Ort sein. Meine Prüfungen fanden online statt, überwacht per Kamera. Diese Form des Lernens gab mir die Freiheit, mich in meinen eigenen vier Wänden zu entfalten, ohne ständig mit meinen sozialen Ängsten konfrontiert zu werden. Neben dem Studium jobbte ich als Taxiwagenpfleger und verdiente mir so etwas dazu.

Zu meiner eigenen Überraschung merkte ich, dass mich das selbstständige Lernen und Arbeiten erfüllte. Die Verantwortung lag bei mir – und genau das motivierte mich. Während des Studiums begann ich, mir ein Netzwerk aufzubauen und meine ersten kleineren Aufträge als Freelancer zu übernehmen. Am Ende des Studiums hielt ich stolz mein Diplom in den Händen, mit einem Durchschnitt von 1,2. Es war ein Moment, der mir zeigte: Ich bin etwas wert. Ich kann etwas erreichen.

Mit dem Abschluss in der Tasche wagte ich den Schritt in die Selbstständigkeit. Es war kein leichter Weg, doch mit jedem kleinen Erfolg wuchs mein Selbstbewusstsein. Besonders stolz war ich, als mich eine der größten IT-Firmen in der DACH-Region engagierte. Ich hinterließ einen so guten Eindruck, dass mir immer wieder neue Projekte angeboten wurden. Mein Leben schien endlich in geregelten Bahnen zu verlaufen. Ich verdiente gutes Geld, konnte mir einiges leisten und mir selbst kleine Belohnungen gönnen. In dieser Zeit fühlte es sich fast so an, als ob die Krankheit nie existiert hätte. Ich war frei.

Auch privat erlebte ich in dieser Phase einen großen Wendepunkt: Mit meiner Lebensgefährtin bekam ich 2013 unsere erste Tochter. Wir zogen in eine große Wohnung in einem Zweifamilienhaus mit eigenem Garten. Es war, als hätte ich mein Glück endlich gefunden.

2015 kam mein Auftraggeber auf mich zu und bot mir einen unbefristeten Arbeitsvertrag an. Angesichts der Verantwortung, eine Familie zu ernähren, entschied ich mich, die Sicherheit einer Festanstellung der Freiheit der Selbstständigkeit vorzuziehen. In dieser Zeit genoss ich das Leben in vollen Zügen. Ich arbeitete, war für meine Familie da und startete mit einem guten Freund sogar einen eigenen Gaming-Kanal auf YouTube – ein Hobby, das mir viel Spaß bereitete.

Und so verliefen einige Jahre in scheinbar ruhiger und harmonischer Ruhe. Ich funktionierte gut, nur leise klopfte ab und an mein „Altes Ich" an, aber ich konnte „es" gut ignorieren.

PART 3: EIN NEUER LEBENSABSCHNITT & DER RÜCKFALL

1. Veränderungen

Mit der Geburt unserer zweiten Tochter, drei Jahre später, schien mein Leben perfekt. Doch das Schicksal hatte andere Pläne. 2018 er hielten wir von unserem Vermieter eine Eigenbedarfskündigung. In Windeseile mussten wir eine neue Bleibe finden – keine leichte Aufgabe mit zwei kleinen Kindern.

Meine Lebensgefährtin fand schließlich eine passende Wohnung, während ich beruflich in München unterwegs war. Ich sah unser neues Zuhause zum ersten Mal, als wir die Schlüssel erhielten. Trotz des abrupten Wechsels schafften wir es, uns schnell einzuleben. Doch dann kam die Corona-Pandemie.

Der Lockdown wurde angekündigt, und mit einem Schlag veränderte sich alles. Plötzlich war das Leben, wie wir es kannten, nicht mehr dasselbe. Die Straßen wurden leer, Menschen zogen sich zurück, und das Zuhause wurde zur Festung. Was zunächst wie eine vorübergehende Phase wirkte, wurde zur neuen Normalität.

Ich arbeitete von zu Hause aus, doch unsere Wohnung war nicht darauf ausgelegt. Mein Arbeitsplatz wurde notgedrungen das Wohnzimmer. Während ich in Meetings saß, mussten die Kinder leise sein. Die Trennung zwischen Beruf und Privatleben verschwand, und die ständige Nähe begann an uns zu nagen.

Besonders meiner Lebensgefährtin setzte die Situation zu. Sie zog sich immer mehr zurück, wurde gereizt, und ein ständiges Spannungsfeld lag in der Luft. Anfangs versuchte ich, Verständnis aufzubringen. Doch je mehr sie sich abkapselte, desto stärker spürte ich die Kluft zwischen uns wachsen. Ihr Desinteresse an mir, an uns, schmerzte mich tief. Ich suchte nach Erklärungen, fand jedoch keine, die mich beruhigte. Nach und nach begann ich, in ihr nicht mehr die Frau zu sehen, die ich liebte, sondern eine Person, die mich ignorierte und verletzte. Sie erinnerte mich immer mehr an meine alte Lehrerin, die mich so sehr prägte und der Hass wuchs.

Langsam schlichen sich alte Muster wieder ein. Mein "2. Ich" begann zu flüstern, leise, aber beharrlich. Die dunklen Gedanken, die ich geglaubt hatte besiegt zu haben, waren plötzlich wieder da. Ich sah meine Lebensgefährtin nicht mehr als Verbündete, sondern als Feindin. In meinen Augen wurde sie zur Verkörperung meiner alten Lehrerin – kalt, verurteilend, voller Gleichgültigkeit. Jeder Blick von ihr brannte in mir wie ein Stich. Der innere Kampf, den ich so lange gekämpft hatte, schien verloren.

Ich begann, mich immer mehr zurückzuziehen. Die Garage wurde mein Rückzugsort – mein Versteck vor der Welt. Dort saß ich oft allein, betäubte mich mit Alkohol und starrte stundenlang ins Leere. Das Bedürfnis, mich selbst zu spüren, wurde stärker, und ich verlor mich erneut in der Dunkelheit, die ich so lange zu vermeiden versucht hatte. Der Teufelskreis begann von vorn. Meine Gedanken wirbelten unkontrolliert, und ich hatte das Gefühl, die Kontrolle zu verlieren. Ich fühlte mich, als hätte ich den inneren Kampf endgültig verloren – das zweite Ich trat „lachend“ hervor.

Wieder hörte ich die Stimme meiner Vergangenheit: „Ich bin wieder da. Ich werde immer da sein.“ Und so fühlte es sich auch an. Ich war kraftlos, ausgelaugt. Die langen inneren Kämpfe hatten mich erschöpft. Ich gab auf – und es kam, wie es kommen musste. Doch diesmal war es anders: Die Selbstbestrafung wurde extremer. Die Verletzungen waren nicht mehr versteckt, sondern offen sichtbar – an Armen, Brust, Bauch, Oberschenkeln. Schnitte, Risse, Prellungen. War dies der Preis dafür, dass ich es so lange geschafft hatte, das „zweite Ich“ zu unterdrücken?

Nachdem das Ventil geöffnet war und der Selbsthass aus mir herausbrach, realisierte ich erst im Nachhinein, was ich meinem Körper angetan hatte. Ich musste Wege finden, die Verletzungen zu verstecken. Meine zwei Kinder warteten oben in der Wohnung. Es war Sommer – sie wollten baden gehen. Und ich? Ich saß da in langen Kleidungsstücken bei 30 Grad. Ihre Fragen konnte ich kaum glaubhaft beantworten. Die Scham darüber und meine Wut auf mich selbst führten zur nächsten Selbstbestrafung.

Dieser Zustand hielt etwa ein dreiviertel Jahr an, bis zum Frühjahr 2023. Ich weiß das genaue Datum nicht mehr – Februar oder März. In einer dieser Nächte kam es zur schwersten Eskalation. Ich rief selbst den Notarzt. Noch in derselben Nacht ließ ich mich ins Krankenhaus bringen. Ich wusste: So konnte es nicht weitergehen. Ich musste sprechen. Mit einem Psychologen. Endlich.

2. Der Kampf beginnt

Zuerst wurden meine Wunden versorgt. Danach folgte ein langes, tiefes Gespräch mit einer Psychologin. Zum ersten Mal sprach ich offen über mich, meine Ängste – und bat aktiv um Hilfe. Noch in dieser Nacht kam ich auf die Warteliste für eine teilstationäre psychosomatische Aufnahme. Man erklärte mir, dass dies Wochen dauern könne. Der Gedanke machte mir Angst.

Am nächsten Morgen – ich wartete, bis die Kinder zur Schule waren – verließ ich mein Zimmer. Meine Frau war ebenfalls zuhause, doch wir sprachen kaum. Es gab Wochen, da war sie mit den Kindern bei ihren Eltern oder ich bei meinen. Aber diesmal erzählte ich ihr von dem nächtlichen Vorfall, dem Notarzt und meinem Entschluss, mir Hilfe zu holen. Ihre Reaktion war kühl, aber sie hörte zu. Und das war schon mehr, als ich lange gewohnt war.

Nach nur drei Wochen kam der Anruf: Ein anderer Patient hatte abgesagt. Ich bekam den Platz. Und diesmal – obwohl mein „zweites Ich" sich wehrte – übernahm ich, Alex, die Kontrolle. Ich ging hin. Ich wusste, es würde schwer werden. Schmerzhaft. Und als ich erfuhr, dass mich ein sechs Wochen langer, intensiver Therapieplan erwartete, bekam ich Angst. Aber ich war mir sicher: Es war der richtige Weg.

Der erste Tag in der Klinik verlief noch sehr ruhig. Ich wurde herzlich empfangen von der, wie wir sie liebevoll nannten, „Guten Seele des Hauses". Sie war für unsere Gruppe „Depression" die Hauptansprechpartnerin und gleichzeitig diejenige, bei der wir uns jeden Morgen anmelden und zur Morgenvisite erscheinen mussten.

Als erstes erhielt ich einen umfangreichen Fragebogen, in dem ich mich selbst ehrlich einschätzen sollte. Dabei wurden viele private Dinge abgefragt: Ob ich drogenabhängig sei, chronische Schmerzen hätte, Suizidgedanken, wie ich meinen allgemeinen Zustand einschätzte und wie zufrieden ich insgesamt mit meinem Leben war. Natürlich hätte ich diesen Eingangsfragebogen leicht manipulieren können, indem ich alles „positiv" darstelle – aber das wäre weder hilfreich noch ehrlich gewesen. Ich bemühte mich, die rund 30 Seiten des Fragebogens so ehrlich wie möglich auszufüllen. Doch die Angst saß mir im Nacken. Einige Dinge ließ ich aus, andere beschrieb ich positiver, als sie tatsächlich waren. Ich hatte Angst davor, verurteilt zu werden, wenn ich wirklich ehrlich wäre – eine Sorge, die sich später als völlig unbegründet erwies.

Die tägliche Morgenvisite diente nicht nur dem Gesundheitscheck, sondern auch dazu, sicherzustellen, dass sich niemand der Pflichtanwesenheit entzog, ohne dass es auffiel. Wir bekamen hier auch unsere Medikamente für die ganze Woche. Die strengen Anwesenheitsregeln machten mir anfangs zu schaffen – zu sehr erinnerte mich diese strikte Vorgabe daran, wie unangenehm ich früher die Schule empfunden hatte. Doch diese Regelung hatte einen ernsten

Hintergrund: akute Suizidgefahr. Sollte ein Patient morgens bis 08:15 Uhr unentschuldigt fehlen, wurde umgehend eine Rettungskette in Gang gesetzt. Zuerst versuchte die Klinik, den Betroffenen telefonisch zu erreichen. War dies nicht erfolgreich, wurde eine zuvor angegebene Kontaktperson verständigt. Falls auch diese keinen Aufenthaltsort nennen konnte, wurden schließlich Notarzt und Polizei informiert, die zur Wohnung des Patienten fuhren, um nach dem Rechten zu sehen.

Am Ende des ersten Tages erhielt ich meinen Wochenplan. Ich war Teil der Gruppe B, einer konstanten Gruppe von etwa 15 bis 18 Patienten, von denen immer wieder einige ihre Therapie abschlossen, während andere neu dazustießen.

Unser täglicher Klinikalltag begann stets mit der Gruppenrunde. Jeder erzählte hier kurz, wie es ihm am Vortag ergangen war, wie der Schlaf in der Nacht gewesen war, und ob es etwas gab, das man der Gruppe und dem Therapeuten mitteilen wollte. Außerdem sprach jeder über sein aktuelles Befinden. Rückblickend war dies stets die ruhigste Stunde des Tages – eine stille, respektvolle Atmosphäre, in der niemand unterbrochen wurde.

Darüber hinaus standen verschiedene Therapieformen auf unserem Plan: Bewegungstherapie, manchmal mit Yoga, Tanz oder Gymnastik; dazu Einzeltherapiestunden, je nach Schwere des Falls ein- bis zweimal wöchentlich. Außerdem hatten wir Musiktherapie, Kunsttherapie und Achtsamkeitsübungen, wobei das Therapieangebot von Woche zu Woche variierte. Besonders die kreativen Therapien gaben uns eine Möglichkeit, Dinge auszudrücken, die sonst unausgesprochen geblieben wären.

Die sechs Wochen vergingen schnell. Manche Sitzungen taten mir gut, andere lehnte ich ab. Doch ich war nicht völlig ehrlich – ich kratzte an der Oberfläche, ließ aber niemanden ganz an mich heran. Der innere Schutzmechanismus war noch zu stark. Nach der

Entlassung hatte ich alle zwei Wochen Einzelgespräche, doch ich spürte: Die erste Therapie hatte nicht den erhofften Effekt. Warum? Weil ich nicht vollständig offen war.

3. Der schmerzhafte Weg in ein neues Leben

Aufgrund meiner nun offenen Tür in meinem Kartenhaus, da ich ja doch einiges an der Oberfläche angekratzt hatte, war der weitere Zerfall meines Schutzraumes nicht mehr aufzuhalten. Es dauerte nach der täglichen Therapie in der Tagesklinik nicht lange, bis die Depressionen, die Ängste und auch der Selbsthass wieder mit voller Wucht hervortraten und mich täglich heimsuchten – diesmal in einem Ausmaß, das mir unfassbare Angst bereitete. Meine Kinder wurden dabei zu meinem entscheidenden Anker. Ihre bedingungslose Liebe und Zuneigung gaben mir die Kraft, mir selbst klar zu machen: „Alex, jetzt musst du endlich einen echten Ausweg finden."

Also ließ ich mich erneut einweisen. Doch diesmal war alles anders. Ich wurde von Flashbacks gequält, fühlte mich zurückversetzt in meine Vergangenheit, zurück zu diesem hilflosen kleinen Jungen. Die erste Therapie hatte etwas tief in mir aufgerissen, dass ich nicht mehr kontrollieren konnte – und genau davor hatte ich panische Angst.

Wieder sechs Wochen Klinik – doch diesmal wurde zusätzlich zu den Diagnosen Depression, Autoaggression und DIS erstmals eine schwere posttraumatische Belastungsstörung (PTBS) diagnostiziert. Meine Therapie wurde daraufhin neu ausgerichtet, meine Medikamentendosis erhöht, und ich erhielt zusätzlich ein Notfallmedikament. Es ging sofort zur Sache – keine Schonzeit mehr. Ich wollte es so, ich brauchte es so. Ich öffnete mich vollkommen.

Aber wie kam es dazu, dass ich mich plötzlich so offen zeigen konnte? Wie war es möglich, dass nach kurzer Zeit eine weitere

Diagnose gestellt wurde? PTBS? Und wie genau ging ich mit dieser neuen Realität um?

Ich möchte hier von einem ganz bestimmten Moment berichten, der mich zutiefst traf und triggerte – ein Moment, der mein Leben innerhalb weniger Minuten völlig veränderte und gleichzeitig die schwerste Phase meines Lebens einläutete.

Es geschah während einer Gruppentherapie. Die Übung hieß, so meine ich mich zu erinnern, „Durch die Brille". Dabei wurde uns eine Geschichte erzählt, und wir sollten uns in die Situation und Gefühle der betroffenen Person hineinversetzen. Mehrere dieser Geschichten hatte ich bereits gehört, doch diese eine traf mich unvorbereitet und mit voller Wucht. Schon während der Erzählung begann ich plötzlich zu weinen, verlor jegliche Kontrolle über meine Emotionen und musste fluchtartig den Raum verlassen.

Es war besonders intensiv für mich, da die Geschichte aus der Perspektive eines kleinen Jungen erzählt wurde – und genau dieser Blickwinkel riss schlagartig alte Wunden auf, brachte meine verdrängten Gefühle an die Oberfläche und ließ mein Kartenhaus endgültig zusammenbrechen.

Ich werde hier die Geschichte so wiedergeben, wie sie uns erzählt wurde:

<u>Der angekettete Elefant</u>
Von Jorge Bucay

Als kleiner Junge liebte ich den Zirkus. Besonders faszinierten mich die Elefanten. Nach der Vorstellung stand einer dieser Elefanten an einem kleinen Pflock festgebunden auf dem Platz. Ein dünnes Seil umfasste eines seiner Hinterbeine und war an einem winzigen Holzpflock befestigt, der kaum in der Erde steckte.

Es schien mir unmöglich, dass dieser mächtige, starke Elefant, der ganze Baumstämme mit Leichtigkeit bewegen konnte, nicht einfach diesen kleinen Holzpflock herauszog und davonlief.

„Warum befreit sich der Elefant nicht?", fragte ich damals meinen Vater. Er erklärte mir, dass der Elefant seit klein auf an diesen kleinen Pflock gebunden sei. Als er noch klein war, versuchte er unzählige Male, sich zu befreien. Doch damals hatte er nicht genügend Kraft dazu. Tag für Tag kämpfte er, bis er eines Tages schließlich akzeptierte, dass dieser kleine Pflock stärker war als er selbst. Und von diesem Tag an hörte er auf, es zu versuchen.

Der mächtige Elefant hatte tief in seinem Inneren akzeptiert, dass er niemals frei sein würde. Heute könnte er mit nur einer einzigen, kleinen Bewegung seiner enormen Kraft seine Freiheit gewinnen – doch er tut es nicht. Seine Erfahrungen, die er als kleiner Elefant machte, hatten ihn tief geprägt und ließen ihn glauben, dass Flucht unmöglich sei.

4. Der Weg zur Akzeptanz

Nicht nur psychisch, auch körperlich reagierte ich auf diese Geschichte sehr heftig: Mein rechter Arm begann plötzlich und unkontrolliert zu zittern, so stark, dass ich nichts mehr halten konnte. Egal,
was ich tat, das Zittern hörte nicht auf, sondern blieb permanent be-
stehen. Es fühlte sich an, als wäre ich schlagartig zurück in meiner
Kindheit. Ich sah mich selbst als kleinen Jungen, hilflos, schutzlos
und zutiefst verletzlich.

Noch während der Gruppentherapie bemerkte eine weitere Therapeutin, wie sehr mich diese Situation getroffen hatte. Sie setzte sich
ruhig neben mich, sprach sanft auf mich ein und erkannte schnell,
dass hier gerade etwas Entscheidendes passierte – etwas, woran nun
intensiv gearbeitet werden musste. Innerhalb weniger Minuten, ich
glaube, es waren höchstens dreißig, erhielt ich einen Termin für ein
sofortiges Einzelgespräch.

Im ersten Einzelgespräch dieser neuen Therapie ging es zunächst
ausschließlich darum, meine körperlichen und psychischen Symptome durch gezielte, aktive Übungen zu stabilisieren. Neben dem
starken Zittern hatte ich auch mit extremer Schnellatmigkeit, starkem
Schwindel und Orientierungslosigkeit zu kämpfen. Die Bilder vor
meinen Augen verschwammen, die Welt um mich herum wirkte unwirklich und fremd – obwohl ich genau wusste, wo ich eigentlich
war.

Zusätzlich zur kurzfristig eingeleiteten Einzeltherapie erhielt ich medikamentöse Unterstützung: Lorazepam. Die erste Dosis war zu
hoch, was zur Folge hatte, dass ich mich fühlte, als würde ich auf
Wolken gehen. Alles um mich herum wackelte und fühlte sich weich
wie Pudding an. Minutenlang starrte ich auf die Uhr im Gruppenthe-
rapieraum; der Sekundenzeiger zog sichtbare Spuren hinter sich her.
Die Welt erschien weit entfernt, alles passierte in Zeitlupe. Meine
Mitpatienten aus der Gruppe waren besorgt, sie erkannten mich nicht

wieder. Von diesem Tag an blieb mir kaum noch eine klare Erinnerung – ich war körperlich anwesend, aber mental kaum erreichbar.

Durch diese tiefgreifende Erfahrung wurden jedoch plötzlich viele Erinnerungen an früher freigesetzt. Erinnerungen, die ich über so viele Jahre tief in mir vergraben und sorgfältig verborgen hatte. Sie waren plötzlich da, glasklar und präsent. Schon kleinste Trigger reichten von diesem Moment an aus, um in mir heftige Flashbacks auszulösen. Immer wieder sah ich mich als kleinen Jungen, der hilflos vor der großen Frau stand – meiner Lehrerin, die mich über vier Jahre hinweg gedemütigt hatte. Die Erinnerungen wurden immer klarer, Ereignisse erlebte ich erneut. Trotz meiner inzwischen erwachsenen Stärke fühlte ich mich in diesen Momenten genauso hilflos und verletzlich wie damals.

Doch diesmal gab es einen entscheidenden Unterschied: Ich sprach darüber! Ich hatte Hilfe und konnte mich verbal wehren. Es brach endlich aus mir heraus, was ich damals gerne zu dieser Frau gesagt hätte. Trotz dieses entscheidenden Schrittes dauerte es mehrere Wochen, bis mein Zittern vollständig aufhörte und ich die wichtigste Erkenntnis meines Lebens gewann: Ich akzeptierte meine Vergangenheit. Diese Akzeptanz wurde mein Schlüssel zur Heilung.

Diese zweite Therapie war die intensivste, schmerzhafteste und aufwühlendste Erfahrung meines Lebens. Sechs Wochen plus zwei Wochen Verlängerung – acht Wochen voller Konfrontation, Schmerz und Heilung. Insgesamt 14 Wochen Therapie mit kurzer Pause. Aber es hat sich gelohnt. Ich habe gelernt, wie ich mit meiner Geschichte leben kann. Ich sehe mein Leben heute mit anderen Augen.

Ich werde wohl mein Leben lang Psychopharmaka nehmen müssen – doch das ist ein kleiner Preis für das, was ich gewonnen habe: mein Leben. Nach 27 Jahren innerem Kampf bin ich heute: Ich. Ich lenke mein Leben selbst.

Als Symbol für diesen Neuanfang ließ ich mich tätowieren: Ein Kompass, begleitet von den Worten „*Never lose your way*" und meinem Lebensmotto „*Lass dich nicht lenken, sei selbst der Steuermann.*" Es steht auf der Innenseite meines linken Unterarms. Nicht für andere sichtbar – aber für mich. Wenn es mir schlecht geht, muss ich nur den Arm heben. Und ich erinnere mich.

Ich habe mein Leben verändert. Früher war ich IT-Manager, viel unterwegs, lebte ein funktionierendes Leben nach außen. Heute mache ich das, was mir wirklich guttut: Musik. Ich komponiere, produziere und teile meine Musik – sie soll Menschen helfen. Auf YouTube, Spotify, Amazon – wo immer sie gebraucht wird.

Diese Zeilen, die ich hier mit dir teile, haben einen Zweck: Ich möchte dir Mut machen. Vielleicht steckst du selbst in einer Krise. Vielleicht kennst du jemanden, der gerade kämpft. Oder jemanden, der jemanden kennt. Ganz gleich. Ich möchte dir sagen: Es lohnt sich. Auch wenn der Weg schwer ist, auch wenn Rückschläge kommen – es lohnt sich, ihn zu gehen.

Und das Wichtigste – wirklich das Allerwichtigste – ist: **Akzeptanz**. Du musst dich selbst akzeptieren. So wie du bist.

Danke, dass du bis hierhin gelesen hast. Dies war ein kurzer persönlicher Einblick in meine Geschichte. Im Anschluss findest du Themen, die ich während meiner Therapie gelernt habe – mit persönlichen Erfahrungen, Tipps und Strategien, die vielleicht auch dir helfen können.

Du bist nicht allein. Und du schaffst das.

Dein Alex

PART 4: EMPFINDUNGEN

Kurze Einleitung:

Im Vorfeld dieses Buches habe ich euch über die schwierige Reise <u>meiner</u> persönlichen Erfahrungen mit Depression, PTBS und Autoaggression erzählt. Ich habe die dunklen Zeiten durchlebt, in denen ich mich von meinen eigenen Gedanken und Gefühlen überwältigt fühlte, und die vielen Rückschläge, die damit einhergingen. Doch ich habe auch Wege gefunden, aus diesem Strudel herauszukommen – durch Therapie, Achtsamkeit, Akzeptanz und die Entwicklung von Techniken zur Bewältigung.

Dieser Ratgeber ist der praktische Teil dessen, was ich gelernt habe. Hier geht es nicht nur um das Verstehen der Krankheit, sondern auch darum, was du tun kannst, um dich selbst zu stabilisieren und in schwierigen Momenten zu handeln. Du wirst verschiedene Strategien kennenlernen, die mir geholfen haben, und die du in deinem eigenen Leben anwenden kannst – sei es, um den Gedankenstrudel zu stoppen, Akzeptanz zu entwickeln oder die eigenen Ressourcen zu aktivieren. Dieser Ratgeber begleitet dich auf deinem eigenen Weg – mit Tipps, Übungen und einer klaren Struktur, die dir hilft, Schritt für Schritt wieder mehr Kontrolle über dein Leben zu gewinnen.

Depression:

Ich habe die Depression als tiefes Loch erlebt. Ein Loch, aus dem ich nicht herauskomme. Jedenfalls nicht durch äußerliche Umstände. Die Auslöser meiner depressiven Störungen waren **Ängste**. Laut meiner Diagnose litt ich unter schwerer **Sozialphobie**. Das heißt, ich hatte Angst vor anderen Menschen. Da meine Erfahrungen im Kindesalter mit anderen Menschen sehr negativ waren, insbesondere durch meine Lehrerin, habe ich in jedem Menschen eine potentielle Gefahr gesehen. Je mehr Menschen zusammenkamen – Bus, Bahn oder öffentliche Plätze –, desto mehr Gefahren gab es für mich. Es kam zu **Panikattacken**, welche nur den einen Entschluss zuließen: **Flucht**. Ich musste aus der Situation kommen, egal wie. Und um gar nicht erst in solch eine Situation zu geraten, gab es nur eine logische Folgerung: **Vermeidung**. Diese Vermeidungstaktiken führten letztendlich dazu, dass ich mich vor vielen Dingen **isolierte**. Das bestärkte mich, im Nachhinein betrachtet natürlich, zu einer folgenden und logischen Reaktion: Da ich alles, was vermeintlich eine Gefahr für mich war, mied, konnte sich nie ein positives Bild einstellen. Dass mir nichts passierte, konnte ich nicht erfahren, denn ich vermied diese Situationen. Und das manifestierte sich ganz tief in mir, in meiner Seele. Und das ließ das Loch, von dem ich vorhin sprach, nur noch tiefer werden. Ich fiel also in ein Loch, in dem ich mich hilflos, alleine und ängstlich fühlte, und kam nicht mehr heraus. Ich fühlte mich „leblos". Und das führt mich zum Nächsten Punkt: der Autoagression bis hin zum Borderlinesyndrom."

Die von mir geschilderten Dinge sind aus medizinischer Sicht folgendermaßen zu erklären:

Die Symptome, welche ich beschrieb, sind typische Merkmale einer **sozialen Angststörung (soziale Phobie)**, die häufig von **Panikattacken** begleitet wird. Menschen mit sozialer Angst neigen dazu, soziale Interaktionen als potenziell bedrohlich wahrzunehmen, selbst wenn keine echte Gefahr besteht. Diese verzerrte Wahrnehmung führt dazu, dass Situationen, die andere als harmlos empfinden, als extrem belastend erlebt werden. Das resultierende **Vermeidungshandeln** dient als kurzfristige Bewältigungsstrategie, verstärkt jedoch langfristig die Ängste, da keine positiven Erfahrungen gemacht werden können, die diese Ängste entkräften.

Das **Vermeidungsmuster** ist typisch für viele Angststörungen und führt zu einem Teufelskreis: Je mehr eine Person vermeidet, desto weniger Chancen hat sie, sich an die Situation zu gewöhnen und zu lernen, dass die Befürchtungen unbegründet sind. In deinem Fall führte diese Vermeidung auch zu einer zunehmenden **Isolation**, was die depressive Symptomatik weiter verstärkte.

Die Erfahrung des „Lochs", welche ich beschrieb, sind typisch und lässt sich gut mit dem Konzept der **kognitiven Triade** aus der kognitiven Verhaltenstherapie erklären. Dieses Konzept beschreibt die negative Sichtweise auf drei Bereiche: sich selbst (man fühlt sich wertlos und hilflos), die Welt (sie erscheint feindselig und gefährlich) und die Zukunft (es gibt keinen Ausweg). Diese negative Sichtweise verstärkt das Gefühl der **Hilflosigkeit**, das typisch für Depressionen ist.

Das Gefühl der „Lebenslosigkeit" **kann** als eine der zentralen Erfahrungen einer Depression bezeichnet werden. **Erlernte Hilflosigkeit**, ein Konzept von Martin Seligman, beschreibt den Zustand, in dem eine Person nach wiederholten, negativen Erfahrungen das Gefühl entwickelt, dass ihre Handlungen keinen Einfluss auf ihre Lebenssituation haben. Dieses Gefühl der Ohnmacht kann zu einem anhaltenden Zustand der Antriebslosigkeit und emotionalen Leere führen.

Panikattacken:

Wie habe <u>ich</u> die Panikattacken erlebt:

Der Übergang zwischen Angst und einer Panikattacke sind oft fließend. Bevor ich zur eigentlichen Panikattacke komme, möchte ich euch von meinem Empfinden der Angst erzählen und in welchen Situationen sie auftrat. Da ich unter einer sogenannten **Sozialphobie** litt – der Angst vor Menschenansammlungen oder Menschen im Allgemeinen – meldete sich bei mir in jeder Situation eine unterschwellige Furcht, sobald ich mich in einem Umfeld befand, das ich als unsicher empfand und in dem sich andere Menschen aufhielten.

Nehmen wir eine scheinbar alltägliche Situation: **den Arztbesuch.**

Viele kennen das Prozedere – man betritt den Warteraum, setzt sich und wartet darauf, aufgerufen zu werden. Für mich war das jedoch eine nahezu unerträgliche Erfahrung. Sobald ich den Raum betrat, hatte ich das Gefühl, dass mich alle Anwesenden anstarrten. Es war, als ob sie durch mich hindurchsehen und all meine Schwächen erkennen konnten. In meinem Empfinden war ich angreifbar und ausgeliefert, und die Menschen im Raum erschienen mir wie **potenzielle Gegner**. Dieses Unwohlsein steigerte sich zunehmend, bis es nicht mehr auszuhalten war.

Die körperlichen Symptome setzten schnell ein: Ich begann zu zittern, mein Puls raste, kalter Schweiß brach aus, und ich bekam kaum noch Luft. Ein ständiger Drang zur Flucht überkam mich, und oft verließ ich den Raum, um irgendwo im Flur Schutz zu suchen. Doch irgendwann reichte auch das nicht mehr aus. Selbst im Flur fühlte ich mich beobachtet und bewertet, und schließlich war auch das Personal der Praxis nicht mehr neutral – ihre Blicke und Fragen empfand ich als Angriffe. Es kam so weit, dass ich mich nur noch anmeldete und dann sofort die Praxis verließ. Ich wartete draußen, irgendwo im Freien, wo keine Wände mich einengten und ich immer einen

Fluchtweg hatte. Das Klingeln meines Handys, wenn ich aufgerufen wurde, war dann das Signal, mich nur so lange wieder der Situation auszusetzen, wie es unbedingt nötig war.

Ein anderes Beispiel war das **Busfahren**. Als junger Mensch sollte das erste Auto besonders sein. Und was lag näher als eine ordentliche Musikanlage? Ich hatte einen Shop meines Vertrauens, allerdings lag dieser recht weit von meinem Zuhause entfernt. Dennoch entschied ich mich diesen Shop aufzusuchen, da ich mir sicher war, dass ich dort genau das Ergebnis bekommen würde, welchen ich wollte. Als ich das Auto also dalassen musste, da es ein recht umfangreicher Umbau war, stellte ich mich an die Bushaltestelle und wartete auf den Bus. Doch als der Bus an der Haltestelle hielt und die Türen sich öffneten, war ich wie erstarrt. Mein Körper verweigerte jegliche Bewegung, und ich konnte einfach nicht einsteigen. Der Bus fuhr ohne mich weiter. Es blieb mir nur übrig, den langen Weg zu Fuß zu gehen – mehrere Stunden Fußweg im Hochsommer.

In der **Schule** war es ähnlich: Der Gedanke, ein Gebäude zu betreten, in dem sich viele Menschen aufhielten, war für mich schlichtweg unmöglich. Hier reichte tatsächlich der Umstand, dass es eine **Schule** war. Allein das **Schulgebäude** war für mich die absolute Ausnahmesituation. Die körperlichen Reaktionen waren überwältigend – Herzrasen, Schweißausbrüche, verschwommenes Sehen. Es fühlte sich an, als stünde ich permanent unter Strom, in höchster Alarmbereitschaft, bereit zur Flucht. Das war der Unterschied zwischen Angst und Panik: Bei der Panik war der ganze Körper in Aufruhr, und es gab keinen anderen Ausweg, als der Situation zu entfliehen.

<u>**Die von mir geschilderten Erlebnisse sind aus medizinischer Sicht folgendermaßen zu erklären:**</u>

Panikattacken sind plötzliche, intensive Angstreaktionen, die mit starken körperlichen Symptomen einhergehen. Menschen mit einer **Sozialphobie** erleben oft eine übersteigerte Wahrnehmung sozialer Bedrohung. Situationen, die für andere harmlos erscheinen, werden als potenziell gefährlich eingestuft. Dies führt zu einer Überaktivierung des **autonomen Nervensystems**, insbesondere des "Kampf-oder-Flucht"-Mechanismus. Der Körper bereitet sich auf eine Flucht vor, obwohl objektiv keine akute Gefahr besteht.

Die Symptome – Herzrasen, Schweißausbrüche, Zittern, Atemnot – sind direkte Folgen dieser Aktivierung. Dabei spielt die **Amygdala**, ein Teil des Gehirns, der für die Verarbeitung von Angst zuständig ist, eine zentrale Rolle. Sie reagiert überempfindlich auf vermeintliche Bedrohungen und setzt eine Kaskade physiologischer Reaktionen in Gang. Hinzu kommt oft eine sogenannte **Katastrophisierung**: Das Gehirn bewertet die körperlichen Reaktionen falsch und interpretiert sie als lebensbedrohlich, was die Panik zusätzlich verstärkt.

Das Vermeiden angstauslösender Situationen, wie du es beschrieben hast, ist ein typisches Muster bei Angststörungen. Kurzfristig bringt es Erleichterung, langfristig jedoch verstärkt es die Angst, da der Körper nie lernt, dass keine echte Gefahr besteht. Dies kann in einen Teufelskreis führen: Je mehr Situationen vermieden werden, desto stärker verankert sich die Angst, was schließlich zu sozialer Isolation und einer weiteren Verschlechterung der Lebensqualität führt.

Therapeutisch betrachtet werden **kognitive Verhaltenstherapie (CBT)** und **Expositionstherapie** häufig eingesetzt, um diesen Kreislauf zu durchbrechen. Dabei lernt man, die körperlichen Symptome zu verstehen, die Gedankenmuster zu hinterfragen und sich schrittweise angstauslösenden Situationen auszusetzen, um dem Gehirn neue, positive Erfahrungen zu ermöglichen.

Deine Erfahrungen schildern eindrücklich, wie allumfassend und lähmend Panikattacken sein können. Sie zeigen auch, wie tief sich diese Erlebnisse in das Alltagsleben eingraben und Entscheidungen beeinflussen. Es braucht viel Mut und Kraft, diesen Kreislauf zu durchbrechen – und schon das Erzählen dieser Geschichte ist ein erster, wichtiger Schritt.

Autoaggression:

Triggerwarnung: Dieses Kapitel enthält Beschreibungen von Selbstverletzung, Schmerz und emotionalen Ausnahmezuständen. Falls du dich von solchen Themen stark betroffen fühlst, überspringe diesen Abschnitt bitte und gehe direkt zum wissenschaftlichen Teil weiter.

Es gab Zeiten, in denen ich tief in meiner Depression gefangen war – so tief, dass ich nichts mehr fühlte. Keine Freude, keine Angst, keine Wut. Nur Leere. Eine Dunkelheit, die alles verschluckte. Und genau in diesen Momenten brauchte ich etwas, das mich zurückholte. Etwas, das mir bewies: *Ich bin noch hier. Ich bin ein fühlendes Wesen.*

Schmerz war diese Brücke zur Realität.

Am Anfang waren es nur „kleine" Dinge. Ich suchte unangenehme Reize, die mich spüren ließen, dass ich existiere. Ich hing mich als Kind mit dem Bauch über eine Teppichstange, spürte, wie sie sich tiefer in meinen Körper drückte, bis mir übel wurde. Später reichte das nicht mehr. Ich brauchte mehr. Intensiver. Härter.

Schließlich wurde Selbstverletzung zu einem Ventil. Zu einer Art Bestrafung – oder Belohnung. Während ich es tat, war da kein Zögern, keine Angst. Ich lachte. Ich genoss es. Ich fühlte mich endlich wieder *lebendig*. Doch sobald es vorbei war, kam die Ernüchterung. Ich sah das Blut, die Wunden, die blauen Flecken, und fragte mich: *Was habe ich da nur wieder getan?*

Doch dieser Schock hielt nie lange an. Es wurde eine Sucht. Ein Mechanismus, der sich immer wiederholte. Manchmal reichte ein Faustschlag gegen die Wand. Manchmal brauchte es Schnitte – so lange, bis ich „genug" gesehen hatte, um mich wieder in die Realität zurückzuholen.

Irgendwann konnte ich es nicht mehr verstecken. Besonders in den letzten Jahren wurde es immer schwerer, Erklärungen zu finden. Warum trug ich einen Hoodie, wenn draußen 30 Grad waren? Warum konnte ich nicht mit meinen Kindern schwimmen gehen?

Aber das Schlimmste war nicht der Schmerz oder die Wunden. Es war das, was in meinem Kopf geschah.

Wenn ich in ein *tiefes Loch* fiel, verschwamm die Realität. Ich erkannte Menschen nicht mehr. Selbst meine eigene Frau wurde zu jemand anderem – zu meiner Lehrerin aus der Kindheit, der Frau, die mich mit Worten zerstört hatte. Plötzlich war ich wieder ein kleiner Junge. Hilflos. Gefangen in der Vergangenheit.

In diesen Momenten hatte ich keine Kontrolle mehr über mich. Ich floh – immer. Ich schloss mich in meiner Garage ein, meinem sicheren Raum. Dort konnte ich mich bestrafen. Dort konnte ich *wieder Ich werden*. Und mit jedem Schnitt, jedem Schlag, mit jedem Tropfen Blut kehrte ein Teil meiner Realität zurück. Erst war alles schwarz. Dann kam ein Schimmer von Licht. Und irgendwann ... war ich wieder da.

Doch was zwischen diesen Momenten geschah, blieb oft verschwommen.

Autoaggression – Die Wissenschaft hinter dem Schmerz als Ventil

Autoaggressives Verhalten, auch als selbstverletzendes Verhalten (SVV) bekannt, beschreibt Handlungen, bei denen sich eine Person absichtlich körperlichen Schaden zufügt, ohne dabei eine suizidale Absicht zu verfolgen. Die häufigsten Formen sind Schneiden (Cutting), Schlagen, sich selbst verbrennen oder gegen harte Gegenstände schlagen. Diese Handlungen können verschiedene psychologische Ursachen haben und stehen oft im Zusammenhang mit psychischen Erkrankungen wie Depressionen, Angststörungen oder Persönlichkeitsstörungen, insbesondere der *Borderline-Persönlichkeitsstörung (BPS)*.

Warum verletzen sich Menschen selbst?

Es gibt keine einfache Antwort darauf, warum Menschen sich selbst Schaden zufügen. Die häufigsten Erklärungsansätze basieren auf folgenden Mechanismen:

1. **Emotionale Regulierung**
   Menschen, die sich selbst verletzen, berichten oft von intensiven Gefühlen wie Leere, Wut, Angst oder innerem Druck. Der physische Schmerz kann in solchen Momenten als eine Art Ventil dienen, um sich von diesen überwältigenden Emotionen zu befreien.

2. **Dissoziation und Realitätswahrnehmung**
   Viele Betroffene erleben Momente der Entfremdung von sich selbst (Dissoziation). Selbstverletzung kann dazu beitragen, diese Entfremdung zu unterbrechen, da der Schmerz einen unmittelbaren körperlichen Reiz setzt und damit ein Gefühl der „Erdung" schafft.

3. **Selbstbestrafung**
Negative Selbstbilder und Schuldgefühle spielen oft eine
große Rolle. Viele Betroffene empfinden sich als „schlecht",
„wertlos" oder „nicht liebenswert" und sehen in der Selbstverletzung eine Möglichkeit, sich für vermeintliche Fehler zu
bestrafen.

4. **Endorphinausschüttung und Suchtmechanismus**
Körperliche Verletzungen setzen Endorphine frei – körperei-
gene Opiate, die Schmerzen lindern und kurzfristig für ein
Gefühl von Erleichterung oder sogar Euphorie sorgen. Dies
kann einen suchtähnlichen Kreislauf auslösen: Die Person erlebt durch die Verletzung kurzfristige Erleichterung, was
dazu führt, dass sie dieses Verhalten bei erneutem Stress oder
negativen Emotionen wiederholt.

Was passiert im Körper während einer Selbstverletzung?

1. **Stressreaktion:**
Bevor es zur Selbstverletzung kommt, ist der Körper in einem Zustand erhöhter Anspannung. Das Stresshormon *Cor-
tisol* wird verstärkt ausgeschüttet, das Herz schlägt schneller,
der Blutdruck steigt.

2. **Schmerzwahrnehmung:**
Überraschenderweise berichten viele Betroffene, dass sie
während der Selbstverletzung kaum oder gar keinen Schmerz
verspüren. Dies liegt an der sogenannten *analgetischen Reaktion*,
bei der das Gehirn Schmerzsignale herunterreguliert, um den
Körper zu schützen.

3. **Endorphinausschüttung:**
Nach der Verletzung setzt das Gehirn Endorphine und *Dopa-
min* frei. Diese Stoffe sorgen für ein kurzzeitiges Hochgefühl

und können sogar eine Art „Belohnungseffekt" auslösen. Deshalb fühlen sich viele Menschen nach der Selbstverletzung kurzfristig „besser" – doch dieser Effekt ist nur von kurzer Dauer.

4. **Nachwirkungen:**
Nach dem „Hoch" folgt häufig ein emotionaler Absturz. Schuld- und Schamgefühle setzen ein, und der Körper reagiert auf die Verletzungen mit Entzündungen oder Narbenbildung. Viele Betroffene empfinden sich anschließend noch wertloser als zuvor, wodurch der Teufelskreis erneut beginnt.

Psychologische Folgen und Langzeitrisiken

Langfristig kann autoaggressives Verhalten tiefgreifende psychische und körperliche Schäden hinterlassen:

- **Chronische Selbstwertprobleme**

- **Soziale Isolation durch Schamgefühle**

- **Erhöhtes Risiko für Suizidalität**

- **Entwicklung einer Abhängigkeit von Selbstverletzung als Bewältigungsmechanismus**

- **Narbenbildung und dauerhafte Gewebeschäden**

Fazit

Autoaggression ist kein „Aufmerksamkeitssuchen" oder eine „Phase", sondern ein ernsthaftes psychisches Symptom, das auf tieferliegende emotionale Probleme hinweist. Die Selbstverletzung dient oft als Überlebensmechanismus, um mit unerträglichen Gefühlen umzugehen. Doch dieser Mechanismus ist gefährlich, weil er langfristig die zugrundeliegenden Probleme nicht löst, sondern verstärkt.

Der Weg aus diesem Kreislauf ist schwer, aber möglich. Therapie, alternative Bewältigungsstrategien und ein unterstützendes Umfeld spielen eine zentrale Rolle. In späteren Kapiteln dieses Buches werden wir Wege besprechen, wie man diesen Kreislauf durchbrechen kann.

Das „zweite Ich":

Ausarbeitung über Persönlichkeitsspaltung bei mir

Die ersten Erfahrungen mit meiner dissoziativen Identitätsstruktur, an die ich mich bewusst erinnern kann, hatte ich in der Oberstufe. Ich besuchte eine evangelische Privatschule – obwohl weder ich noch meine Eltern wirklich gläubig waren. Doch die Erlebnisse an einer staatlichen Schule hatten Spuren hinterlassen, und meine Angst sowie meine Abneigung gegenüber der Institution Schule und ihren Lehrern wuchsen stetig.

Morgens am Frühstückstisch war ich still, verschlossen. Ich aß mein Frühstück, verabschiedete mich von meiner Mutter – mein Vater war zu diesem Zeitpunkt bereits bei der Arbeit. Zumindest kann ich mich nicht daran erinnern, dass er morgens mit uns am Tisch saß. Der Schulweg mit dem Fahrrad war unausweichlich, egal ob Sommer oder Winter. Busfahren kam für mich nicht infrage, es sei denn, die Straßen waren vereist. Ich erinnere mich, dass ich in der Schule schnell einen festen Platz bekam – vorne links, direkt beim Lehrerpult. Ich sollte unter Kontrolle sein, denn mein Interesse galt allem anderen als dem Unterricht. Während meine Mitschüler mitschrieben oder den Lehrern folgten, versank ich in meinen Zeichnungen. Dunkle, bedrückende Bilder füllten meine Hefte: Höhlen, in denen

Menschen an den Decken aufgespießt waren, rote Pfützen auf dem Boden. Es waren grobe Skizzen, Strichmännchen ohne Gesicht, ohne erkennbare Identität. Aber das allgegenwärtige Thema war der Tod.

Ich hatte ein paar Freunde in der Schule, nicht viele, aber einige. Die meisten anderen waren mir egal. Die Gruppenbildung innerhalb der Klasse war deutlich zu spüren, doch ich hielt mich aus vielem heraus. Mein Fokus lag nicht auf der Schule – kaum klingelte die letzte Glocke, war das Thema für mich erledigt. Hausaufgaben ignorierte ich fast vollständig, was sich auch in meinen Zeugnissen widerspiegelte: „Alexander erledigt seine Hausaufgaben zu oft nicht." Doch es interessierte mich nicht. Ich wollte nach Schulschluss keine Sekunde länger daran denken.

Auf dem Heimweg liefen mir oft die Tränen über das Gesicht. Tränen der Erleichterung – wieder ein Tag überstanden. Doch während mein Körper nach Hause fuhr, geschah in meinem Inneren etwas anderes. Hier begann sich vermutlich meine zweite Identität herauszubilden. Ein Schutzmechanismus. Ein Teil von mir, der sich abspaltete, um die Realität erträglicher zu machen.

Eines Tages saß ich mit meinen Eltern am Tisch und begann, Fragen zu beantworten, die niemand gestellt hatte. Ich hörte Stimmen – oder eine Stimme. Und sie wurde mit der Zeit lauter. Ich war verwirrt, unsicher. War das real? Sollte ich antworten oder ignorieren? Es machte mir Angst, und zugleich wurde es alltäglich. Die Stimmen begleiteten mich. Gleichzeitig wurden meine Träume intensiver, mein Empfinden für die Welt seltsamer. Ich erlebte Déjà-vus, hatte das Gefühl, Momente bereits erlebt zu haben. Später, in der Therapie, erklärte man mir, dass meine Sinne ständig in einem Alarmzustand waren – als wäre ich in permanenter Gefahr. Das war mein Normalzustand.

Nach außen spielte ich eine Rolle. Ich lachte, war Teil einer Gruppe, passte mich an. Ich rauchte früh – mit 13 oder 14 –, weil es alle taten.

Es war der einfachste Weg, nicht aufzufallen. Mein wahres Ich jedoch lebte hinter einer Mauer. Eine Mauer, die ich stetig verstärkte. Doch dort, in diesem Verborgenen, wuchs auch die Selbstbestrafung. Ich glaubte immer stärker daran, dass ich nicht gut war, dass ich Strafe verdiente. Ich war nicht mehr Alexander – die Realität verschwamm. Ich sah Bilder in meinem Kopf, Bilder von Schmerz, und ich genoss sie.

Diese Entwicklung nahm über die Jahre zu. Ich funktionierte nur noch, tat, was von mir erwartet wurde. Doch um selbst ein Glücksgefühl zu empfinden, musste ich immer mehr investieren. Zunächst in Konsum: ein neuer Fernseher, eine teure Stereoanlage. Für ein paar Wochen fühlte ich mich gut. Dann war das Gefühl verflogen. Mit 19 kaufte ich mir ein Auto – es war berauschend. Ich genoss den Moment, doch nach wenigen Tagen war die Euphorie verflogen. Die innere Stimme meldete sich: „Du darfst nicht glücklich sein." Die Selbstbestrafung wurde intensiver. Das depressive Loch wurde mein Zuhause. Ich gewöhnte mich daran.

Alkohol kam hinzu. Im Rausch war die Welt erträglicher. Doch wenn ich in den Spiegel blickte, erkannte ich mich nicht. Ich sprach oft mit mir selbst, redete über mich in der dritten Person. Ich begann, mich zu hassen. Ohne ersichtlichen Grund schlug ich mir selbst ins Gesicht. Noch verzichtete ich auf Klingen und Schnitte, aber die Demütigung nahm andere Formen an: Strangulieren, mich mit Dreck einreiben, Sätze wiederholen, die mir in der Schule immer wieder gesagt wurden. Ich glaubte an sie. Und je strenger, brutaler ich mit mir umging, desto befriedigender war es. Die Grenzen verschwammen.

Dann kam der erste Klinikaufenthalt. Wegen Suizidgefahr wurde ich eingeliefert. Zehn Wochen lang war ich dort. Rückblickend half es wenig. Ich funktionierte weiter, tat, was von mir verlangt wurde. Jahre vergingen. Ich arbeitete, nahm jede Aufgabe an, traute mich nicht, „Nein" zu sagen. Und dann, vor vier Jahren, brach das zweite Ich endgültig aus. Ich erkannte mich selbst nicht mehr, meine Frau nicht mehr. Die Verletzungen wurden extremer. Ich wurde zur Gefahr – für mich selbst.

Der Moment der Erkenntnis kam, als ich blutüberströmt in meiner Garage stand. Die Wände mit meinem eigenen Blut beschmiert. Ich hatte mich selbst im Wahn fotografiert – und es genossen. Erst, als ich wieder klarer wurde, sah ich das ganze Ausmaß. Ich rief den Notarzt.

Und so begann mein letzter, endgültiger Kampf.

Dissoziative Identitätsstruktur – Die Aufspaltung des Selbst

Die *Dissoziative Identitätsstruktur* (DIS) gehört zu den dissoziativen Störungen und beschreibt einen Zustand, in dem eine Person verschiedene „Ich-Zustände" entwickelt, die unterschiedlich handeln, denken und fühlen können. Diese Ich-Zustände entstehen meist als Schutzmechanismus gegen extreme psychische Belastungen, häufig in der Kindheit.

Wie entsteht eine Dissoziative Identitätsstruktur?

Die wissenschaftliche Erklärung basiert auf der Theorie der *strukturellen Dissoziation der Persönlichkeit* (Van der Hart, Nijenhuis & Steele, 2006). Demnach entstehen die verschiedenen Identitätszustände als Folge von schweren Traumata, meist in der frühen Kindheit.

- Kinder haben eine noch nicht vollständig integrierte Persönlichkeit.

- Erleben sie andauernde Traumata (z. B. Gewalt, Missbrauch oder extreme Vernachlässigung), kann sich ihre Psyche nicht normal entwickeln.

- Um das Trauma zu überleben, spaltet sich das Bewusstsein auf – es entstehen verschiedene Identitätszustände.

- Jeder Zustand übernimmt spezifische Funktionen: Ein Anteil kann z. B. die Angst aushalten, während ein anderer Anteil für den Alltag „funktioniert".

Diese Spaltung ist anfangs eine Überlebensstrategie, die dem Kind hilft, das Unerträgliche zu ertragen. Später kann sie jedoch problematisch werden, da die Anteile oft nicht miteinander kommunizieren und sich abwechselnd „die Kontrolle" über das Verhalten übernehmen.

Wie äußert sich eine Dissoziative Identitätsstruktur?

Die Symptome können stark variieren, aber typische Anzeichen sind:

1. **Identitätswechsel:** Betroffene erleben sich manchmal als ganz andere Person mit unterschiedlichem Verhalten, Namen oder Erinnerungen.
2. **Gedächtnislücken:** Fehlende Erinnerungen an bestimmte Zeiträume oder Ereignisse (sogenannte *dissoziative Amnesien*).
3. **Innere Stimmen oder Dialoge:** Manche Betroffene hören die „anderen Anteile" als Stimmen im Kopf oder spüren deren Emotionen.
4. **Plötzliche Stimmungswechsel:** Ohne erkennbaren Grund können Emotionen oder Verhaltensweisen drastisch wechseln.
5. **Depersonalisation/Derealisation:** Das Gefühl, sich selbst fremd zu sein oder die Welt als unwirklich wahrzunehmen.
6. **Selbstverletzung und Autoaggression:** Manche Anteile können destruktiv handeln, während andere Schutzmechanismen aktivieren.
7. **Nervensystem:** Eine ständige Übererregung des Nervensystems kann dazu führen, dass das Gehirn Erinnerungen und Realität

vermischt, wodurch Déjà-vus oder auch eine verzerrte Selbst-
wahrnehmungen entstehen.

Viele Betroffene nehmen diese Symptome lange nicht bewusst wahr
oder schreiben sie anderen Ursachen zu, z. B. Depressionen oder
Borderline-Persönlichkeitsstörung (BPS), mit der DIS oft verwech-
selt wird.

Was passiert im Gehirn bei Dissoziation?

Neurowissenschaftliche Studien zeigen, dass bei DIS bestimmte Ge-
hirnregionen anders arbeiten:

1. **Amygdala (Angstzentrum)**: Zeigt bei Betroffenen oft eine
   übermäßige Aktivität, was erklärt, warum sie extrem empfindlich
   auf Stress oder Trigger reagieren.
2. **Hippocampus (Gedächtnis)**: Ist oft kleiner als normal – dies
   könnte mit den Gedächtnislücken und der fragmentierten Wahrnehmung zusammenhängen.
3. **Präfrontaler Cortex (Selbstkontrolle)**: Funktioniert bei Stress
   oft schlechter, wodurch impulsive Handlungen oder unkontrollierte Wechsel zwischen Identitäten auftreten können.

Diese Veränderungen sind vermutlich eine Folge der chronischen
Traumatisierung, die das Gehirn in der frühen Entwicklung beein-
flusst hat.

Wie wird DIS behandelt?

Die Therapie von DIS erfordert viel Zeit und Fingerspitzengefühl.
Ziel ist es nicht unbedingt, die Anteile „aufzulösen", sondern eine
bessere Kommunikation zwischen ihnen herzustellen.

1. **Traumatherapie (z. B. EMDR, Hypnotherapie)**: Hilft, verdrängte Erinnerungen behutsam zu verarbeiten.

2. **Stabilisierungsphase:** Bevor Traumainhalte bearbeitet werden, müssen Betroffene lernen, mit Triggern umzugehen und sich selbst zu beruhigen.
3. **Integration der Anteile:** Manche Therapieansätze versuchen, die Persönlichkeitsanteile schrittweise zu vereinen, andere setzen darauf, ein „inneres Team" zu schaffen, das kooperiert.
4. **Medikamentöse Begleittherapie:** DIS kann nicht medikamentös geheilt werden, aber begleitende Symptome (z. B. Depressionen, Angststörungen) lassen sich mit Antidepressiva oder Beruhigungsmitteln behandeln.

Fazit

Die *Dissoziative Identitätsstruktur* ist eine Schutzreaktion der Psyche auf schwerste Belastungen. Sie führt dazu, dass verschiedene Ich-Zustände entstehen, die teilweise unabhängig voneinander agieren. Die Ursache liegt **fast** immer in traumatischen Erlebnissen in der Kindheit. Neurowissenschaftliche Studien zeigen, dass sich die Gehirnstruktur bei DIS-Patienten verändert, insbesondere in Bereichen, die für Angstverarbeitung und Gedächtnis zuständig sind. Die Behandlung erfordert eine behutsame Traumatherapie, um den Betroffenen zu helfen, ihre inneren Anteile besser zu verstehen und zu steuern.

PART 5: WELCHE FORMEN VON HILFE GIBT ES?

Der Weg zur Heilung

Heilung ist ein dynamischer Prozess, der individuell unterschiedlich verläuft, aber grundsätzlich für viele Betroffene möglich ist. Die menschliche Psyche besitzt eine bemerkenswerte Fähigkeit zur Anpassung und Selbstregulation. Neuroplastizität – die Fähigkeit des Gehirns, sich zu verändern – spielt eine wesentliche Rolle bei der Verarbeitung traumatischer Erlebnisse und der Entwicklung neuer Bewältigungsstrategien.

Menschen mit psychischen Belastungen wie Dissoziativer Identitätsstruktur (DIS), Depressionen, Autoaggression (SVV) und Posttraumatischer Belastungsstörung (PTBS) können durch gezielte therapeutische Maßnahmen Fortschritte erzielen. Während eine vollständige „Heilung" nicht immer im klassischen Sinne möglich ist, kann eine Verbesserung der Lebensqualität, die Reduktion von Symptomen und eine zunehmende Stabilität erreicht werden.

Entscheidend ist dabei die Bereitschaft, sich auf den Heilungsprozess **<u>einzulassen</u>**. Dies umfasst:

- Die **Akzeptanz** der eigenen Diagnose als ersten Schritt zur Veränderung.

- Das **Verständnis** der Ursachen und Mechanismen hinter den Symptomen.

- Die **aktive Arbeit** an der eigenen Wahrnehmung und Reaktionsmustern.

- Die **Nutzung** von professioneller Unterstützung und individuellen Strategien zur Stabilisierung.

Die Bedeutung eines individuell abgestimmten Ansatzes

Jeder Mensch hat eine einzigartige Biografie und unterschiedliche Erfahrungen, weshalb es keinen universellen Weg zur Heilung gibt. Ein individuell abgestimmter Ansatz ist essenziell, um nachhaltige Fortschritte zu ermöglichen. Folgende Aspekte sind dabei entscheidend:

1. Individuelle Traumata berücksichtigen

   - Die Ursachen für psychische Belastungen sind vielfältig. Eine maßgeschneiderte Therapie sollte persönliche Erlebnisse, Trigger und Schutzmechanismen einbeziehen.

2. Therapieformen anpassen

   - Es gibt verschiedene Therapieansätze wie kognitive Verhaltenstherapie (CBT), Trauma fokussierte Therapie (TF-CBT), dialektisch-behaviorale Therapie (DBT) oder Schema-Therapie. Ein auf die Person abgestimmtes Konzept kann effektiver sein als ein allgemeiner Behandlungsansatz.

3. Flexibilität in der Behandlung

   - Manche Betroffene profitieren von strukturierten Methoden, während andere eher auf kreative Ausdrucksformen wie Kunst- oder Musiktherapie ansprechen. Eine Kombination verschiedener Ansätze kann entscheidend sein.

4. Alltagstauglichkeit sicherstellen

   - Strategien sollten realistisch und umsetzbar sein. Selbsthilfetechniken, Routinen zur Stabilisierung und gezielte Übungen zur Emotionsregulation helfen, den Therapieerfolg in den Alltag zu integrieren.

5. Netzwerk und Unterstützungssysteme nutzen

> ➢ Neben professioneller Unterstützung spielen auch soziale Kontakte, Selbsthilfegruppen und vertrauensvolle Beziehungen eine wichtige Rolle im Heilungsprozess. Der Austausch mit anderen Betroffenen kann entlastend wirken.

<u>Fazit</u>

Der Weg zur Heilung ist individuell, erfordert Geduld und eine bewusste Auseinandersetzung mit den eigenen Erfahrungen. Durch eine Kombination aus professioneller Therapie, Selbsthilfestrategien und sozialer Unterstützung können Betroffene lernen, ihre Symptome besser zu bewältigen und ein erfüllteres Leben zu führen. Der erste Schritt beginnt mit der Erkenntnis: Heilung ist möglich – und jeder Fortschritt zählt.

Akzeptanz und Selbstverstehen

Verstehen, dass DIS ein Schutzmechanismus ist

Dissoziative Identitätsstruktur (DIS) entsteht nicht zufällig, sondern als eine Überlebensstrategie. Sie ist ein psychischer Schutzmechanismus, der sich in Folge schwerer Traumatisierungen, meist in der Kindheit, entwickelt. Der menschliche Geist verfügt über die Fähigkeit, belastende Erlebnisse abzuspalten, wenn die psychische Verarbeitungskapazität überfordert ist. Besonders Kinder, die keine Möglichkeit haben, sich vor Trauma zu schützen oder dieses zu verarbeiten, nutzen unbewusst Dissoziation als Mittel der Bewältigung. Die verschiedenen „Ich-Zustände" entstehen, um spezifische Erinnerungen, Emotionen oder Verhaltensweisen zu tragen, die für das Gesamtsystem zu überwältigend wären. Dadurch wird das Überleben in einer untragbaren Umgebung ermöglicht.

DIS geht oft mit anderen psychischen Erkrankungen einher, darunter Depressionen, Autoaggression (Selbstverletzendes Verhalten, SVV) und Posttraumatische Belastungsstörung (PTBS). Die Akzeptanz dieser Mechanismen ist der erste Schritt zur Heilung, denn erst wenn Betroffene verstehen, dass ihr Geist versuchte, sie zu schützen, können sie beginnen, diese Strategien zu hinterfragen und neue, gesündere Wege der Bewältigung zu erlernen.

Die Rolle der eigenen Biografie

Die eigene Lebensgeschichte spielt eine entscheidende Rolle für die Entwicklung psychischer Erkrankungen. Die Diagnose von Depressionen, Autoaggression, PTBS und DIS ist eng mit belastenden Erfahrungen aus der Vergangenheit verbunden. Traumatische Erlebnisse – sei es emotionaler Missbrauch, Vernachlässigung, Gewalt oder andere schwerwiegende Ereignisse – prägen die neuronalen Strukturen des Gehirns und beeinflussen, wie Betroffene sich selbst und ihre Umwelt wahrnehmen.

Frühe emotionale oder physische Verletzungen können dazu führen, dass Betroffene ein negatives Selbstbild entwickeln, sich selbst abwerten und sich als nicht liebenswert empfinden. Dieses negative Selbstkonzept kann Depressionen verstärken und Autoaggression als eine Form der Selbstbestrafung oder als Ventil für unkontrollierbare Emotionen fördern. Die PTBS bringt oft Flashbacks, Albträume und ein permanentes Gefühl der Bedrohung mit sich, wodurch das alltägliche Leben erschwert wird.

Die Auseinandersetzung mit der eigenen Biografie ist daher ein wichtiger Bestandteil der Heilung. Es bedeutet nicht, die Vergangenheit zu glorifizieren oder sich in ihr zu verlieren, sondern die Zusammenhänge zu verstehen: Warum reagiere ich auf bestimmte Situationen so? Woher stammen meine Ängste? Warum fällt es mir schwer, mich

selbst anzunehmen? Diese Erkenntnisse sind essenziell, um Muster
zu durchbrechen und neue Verhaltensweisen zu erlernen.

Umgang mit der Angst vor Veränderung

Die Angst vor Veränderung ist ein zentrales Thema in der Therapie
von Depressionen, Autoaggression, PTBS und DIS. Veränderungen
bedeuten oft Unsicherheit – und für Menschen, die lange mit bestimmten Schutzmechanismen gelebt haben, kann Unsicherheit bedrohlich wirken.

1. **Depressionen**: Veränderungen erfordern Energie und Motivation, doch genau das fehlt oft in depressiven Phasen. Der
   Gedanke an Verbesserung kann sogar Angst auslösen, weil
   das gewohnte Leid vertrauter erscheint als das Unbekannte.

2. **Autoaggression (SVV)**: Selbstverletzendes Verhalten kann
   für Betroffene eine scheinbare Kontrolle über ihre Emotionen bedeuten. Der Gedanke, diese Strategie aufzugeben,
   kann beängstigend sein, da Alternativen oft noch nicht entwickelt wurden.

3. **PTBS**: Betroffene erleben oft das Gefühl, dass die Vergangenheit sie einholt. Der Weg der Heilung erfordert Konfrontation mit traumatischen Erinnerungen, was Ängste auslöst.
   Zudem ist das Gefühl permanenter Gefahr so tief verankert,
   dass Sicherheit ungewohnt und beängstigend erscheinen
   kann.

4. **DIS**: Der Verlust einzelner Identitätsanteile oder deren Integration kann mit dem Gefühl einhergehen, die eigene Persönlichkeit zu verlieren. Viele Betroffene haben das Gefühl,
   dass sie ohne ihre unterschiedlichen „Ichs" nicht überlebens-
   fähig wären.

5.

Strategien zur Überwindung der Angst vor Veränderung

- **Kleine Schritte wagen**: Große Veränderungen können überwältigend sein. Kleinere, erreichbare Ziele setzen hilft, das Vertrauen in den eigenen Fortschritt zu stärken.

- **Sicherheit etablieren**: Ein sicheres Umfeld ist essenziell, um sich Veränderungen zu stellen. Dies kann durch stabile Beziehungen, Therapie oder persönliche Rituale geschaffen werden.

- **Selbstmitgefühl entwickeln**: Anstatt sich für Rückschläge zu verurteilen, ist es wichtig, sich selbst mit Verständnis zu begegnen. Jeder Fortschritt zählt.

- **Erfahrungen teilen**: Der Austausch mit anderen Betroffenen oder in Therapiegruppen kann Ängste mindern und Mut machen.

Veränderung bedeutet nicht den Verlust der eigenen Identität, sondern die Möglichkeit, eine stabilere und gesündere Version des Selbst zu entwickeln. Die Angst davor ist verständlich, aber sie darf nicht der Grund sein, sich von Heilung abzuhalten.

Therapiemethoden und ihre Wirksamkeit

Verhaltenstherapie

Die Verhaltenstherapie gehört zu den am häufigsten eingesetzten Therapiemethoden bei psychischen Erkrankungen. Sie basiert auf der Annahme, dass Denkmuster und Verhaltensweisen erlernt wurden und daher auch verändert werden können. Zwei besonders wirksame Ansätze sind:

- **Dialektisch-Behaviorale Therapie (DBT):** Diese Therapieform wurde speziell für Menschen mit starken emotionalen Schwankungen und selbstschädigendem Verhalten entwickelt. Sie hilft dabei, Emotionen zu regulieren, zwischenmenschliche Beziehungen zu verbessern und innere Spannungen abzubauen.

- **Kognitive Umstrukturierung:** Hierbei werden negative Denkmuster identifiziert und durch realistischere, positive Gedanken ersetzt. Dies hilft besonders bei Depressionen und PTBS.

Vorteile: Strukturierte, gut erforschte Methoden mit klaren Techniken zur Selbsthilfe. **Nachteile:** Kann bei tief verwurzelten Traumata allein nicht ausreichen.

Meine Erfahrung zeigt, dass gerade in den Tageskliniken (oder stationären Klinikformen) beides miteinander ergänzt wird. Die Identifizierung der negativen Denkmuster werden dann meistens in Gruppentherapien diskutiert und nach Lösungen und Lösungsstrategien gesucht.

Tiefenpsychologische Verfahren

Tiefenpsychologische Therapien setzen sich intensiv mit der eigenen Biografie auseinander. Sie gehen davon aus, dass unbewusste Konflikte aus der Vergangenheit Einfluss auf das aktuelle Leben haben.

- **Psychoanalyse:** Hierbei wird durch freie Assoziation und Traumdeutung versucht, verdrängte Erlebnisse bewusst zu machen.

- **Tiefenpsychologisch fundierte Psychotherapie:** Diese ist praxisorientierter als die klassische Psychoanalyse und hilft, Zusammenhänge zwischen Vergangenheit und Gegenwart zu erkennen.

Vorteile: Hilft, unbewusste Muster zu erkennen und langfristige Veränderungen herbeizuführen. **Nachteile:** Kann langwierig sein und erfordert eine hohe Bereitschaft zur Selbstreflexion.

EMDR (Eye Movement Desensitization and Reprocessing)

EMDR ist eine spezielle Traumatherapie, bei der belastende Erinnerungen durch gezielte Augenbewegungen oder andere bilaterale Stimulation bearbeitet werden. Sie gilt als eine der effektivsten Methoden zur Verarbeitung traumatischer Erlebnisse.

Vorteile: Nachweislich wirksam bei PTBS und traumatischen Erinnerungen.
Nachteile: Kann starke emotionale Reaktionen hervorrufen, daher nur unter professioneller Begleitung ratsam.

Wichtiger Hinweis:

Besonders in den ersten Phasen einer EMDR-Therapie sollte diese nicht ambulant erfolgen. Das gezielte „Triggern" belastender Erinnerungen kann zu einer vorübergehenden Verstärkung der Symptome führen. Daher ist eine engmaschige Begleitung durch Fachpersonal unerlässlich, um eine sichere und wirksame Verarbeitung zu gewährleisten.

Körperorientierte Therapien

Traumata und emotionale Belastungen manifestieren sich oft auch im Körper. Körperorientierte Therapien helfen, Spannungen zu lösen und ein besseres Körpergefühl zu entwickeln. Dazu gehören:

- **Somatic Experiencing:** Konzentriert sich darauf, körperliche Reaktionen auf Trauma zu lösen und das Nervensystem zu regulieren.

- **Yoga und Achtsamkeit:** Fördern Körperbewusstsein, innere Ruhe und helfen, sich sicher im eigenen Körper zu fühlen.

- **Kunst- und Musiktherapie:** Nutzen kreative Ausdrucksformen, um Zugang zu Emotionen zu finden.

Vorteile: Ergänzen klassische Psychotherapien durch einen ganzheitlichen Ansatz.
Nachteile: Allein oft nicht ausreichend für tiefergehende psychische Probleme.

Diese Therapieformen werden in der Regel nicht als alleinige Behandlungsmethode eingesetzt, sondern ergänzend in eine umfassende Therapie integriert. Ziel ist es, Körper und Geist in Einklang zu bringen.

Meine persönlichen Erfahrungen – die jedoch individuell variieren können – zeigen, dass insbesondere Achtsamkeits-, Kunst- und Musiktherapie hilfreich sein können. Kunst kann gezielt genutzt werden, um innere Bilder nach außen zu bringen, sei es durch Zeichnungen oder musikalische Ausdrucksformen. Allerdings habe ich auch erlebt, dass Musik bei manchen Menschen eher negative Emotionen hervorrufen kann, sodass sie sich verschließen. So schwer es auch sein mag, solche Reaktionen zuzulassen, kann dies ein wichtiger Schritt im Heilungsprozess sein. Es ist herausfordernd – aber machbar und lohnenswert.

Alltagsstrategien für Betroffene

Krisenpläne und Notfallstrategien

Diese helfen, in akuten Belastungssituationen handlungsfähig zu bleiben und sich selbst zu stabilisieren.

Beispiele:

- **Notfallbox erstellen:** Eine kleine Kiste mit beruhigenden Gegenständen (z. B. Lieblingsduft, Anti-Stress-Ball, beruhigende Musik auf dem Handy, kleine Notizen mit positiven Erinnerungen).

- **Notfallkontaktliste führen:** Eine Liste mit Telefonnummern von Vertrauenspersonen, Therapeuten oder Krisendiensten, auf die im Ernstfall schnell zugegriffen werden kann.

- **"Wenn-dann"-Strategie:** Sich im Vorfeld klare Handlungsalternativen überlegen (z. B. „Wenn ich das Bedürfnis verspüre, mich zu verletzen, dann werde ich stattdessen mit einem Eiswürfel über die Haut fahren oder auf Papier malen, was ich fühle.").

Achtsamkeit und Selbstwahrnehmung

Diese helfen, sich im Hier und Jetzt zu verankern und die eigene emotionale und körperliche Wahrnehmung zu stärken.

Beispiele:

- **Bodyscan-Meditation:** Sich hinsetzen oder hinlegen und bewusst durch den Körper „reisen", von den Zehen bis zum Kopf, um Spannungen und Empfindungen wahrzunehmen.

- **Tagebuch schreiben:** Nicht nur Emotionen, sondern auch positive Erlebnisse oder Fortschritte notieren, um ein Bewusstsein für Veränderung zu schaffen.

- **Achtsames Essen:** Sich bewusst Zeit für Mahlzeiten nehmen, die verschiedenen Geschmäcker wahrnehmen und nicht nebenbei essen.

Reizkontrolle und Vermeidung von Triggern

Hilft, belastende Situationen besser zu bewältigen oder sie, wenn nötig, zu umgehen.

Beispiele:

- **Trigger-Tagebuch führen:** Regelmäßig notieren, welche Situationen, Orte oder Personen starke Reaktionen auslösen, um sie besser einschätzen zu können.

- **Sichere Räume schaffen:** Eine Wohnung oder ein Zimmer so gestalten, dass es beruhigend wirkt (z. B. angenehme Lichtquellen, beruhigende Farben, wenig Unordnung).

- **Soziale Medien bewusst nutzen:** Triggernde Inhalte in sozialen Netzwerken meiden und sich gezielt mit positiven oder neutralen Themen beschäftigen.

Umgang mit selbstverletzendem Verhalten (SVV)

Alternative Strategien entwickeln, um den Druck anders abzuleiten.

Beispiele:

- **Körperliche Alternativen:** Eiswürfel über die Haut fahren, in eine Zitrone beißen oder Gummibänder leicht gegen das Handgelenk schnippen lassen.

- **Kreativer Ausdruck:** Gefühle durch Malen, Schreiben oder Musik kanalisieren.

- **Bewegung:** Sport oder Spazierengehen als Ventil für innere Anspannung nutzen.

Tipp:

Ein strukturierter Tages- und Wochenplan ist für Betroffene enorm hilfreich – mit klaren, aber realistischen Zielen.
Doch Vorsicht: Viele neigen dazu, sich zu überfordern. Ein überladener Plan kann schnell das Gegenteil bewirken, weil er nicht einhaltbar ist. Das kann zu Frust führen und negative Gedanken verstärken. Deshalb ist es wichtig, immer genug Freiräume einzuplanen – für Pausen, spontane Änderungen oder unerwartete Situationen. Struktur bedeutet nicht Starrheit, sondern eine flexible Orientierung, die Halt gibt, ohne zu erdrücken.

Unterstützung durch das Umfeld

Wie Angehörige und Freunde helfen können

- **Zuhören ohne zu werten:** Betroffene brauchen ein offenes Ohr, ohne dass ihre Gefühle oder Erlebnisse bagatellisiert werden. Aussagen wie „Das wird schon wieder" oder „Denk einfach positiv" sind nicht hilfreich. Stattdessen kann ein „Ich bin da, wenn du reden möchtest" viel bewirken.

- **Verlässlichkeit und Geduld:** Heilungsprozesse sind langwierig. Angehörige sollten nicht erwarten, dass Fortschritte linear verlaufen. Rückschläge gehören dazu und bedeuten nicht, dass alles umsonst war.

- **Gemeinsame Aktivitäten ohne Druck:** Manchmal hilft es, Betroffene sanft in den Alltag einzubinden – sei es ein gemeinsamer Spaziergang, ein Essen oder kreative Tätigkeiten. Diese sollten aber freiwillig sein und keinen Zwang auslösen.

Grenzen setzen und Selbstschutz für Bezugspersonen

- **Nicht die gesamte Verantwortung übernehmen:** Angehörige dürfen sich nicht für die Genesung des Betroffenen verantwortlich fühlen. Sie können unterstützen, aber sie sind keine Therapeuten.

- **Eigene Bedürfnisse ernst nehmen:** Wer anderen helfen will, muss auch selbst stabil bleiben. Regelmäßige Pausen, Austausch mit anderer und gegebenenfalls therapeutischer Unterstützung für sich selbst sind wichtig.

- **Klare Grenzen kommunizieren:** Wenn bestimmte Themen oder Verhaltensweisen zu belastend sind, dürfen Angehörige diese ansprechen. Zum Beispiel: „Ich verstehe, dass es dir

schlecht geht, aber ich kann das gerade nicht auffangen. Lass
uns gemeinsam überlegen, wer dir helfen kann."

Wann professionelle Hilfe notwendig ist

- **Bei akuter Selbstgefährdung:** Wenn Suizidgedanken oder
  schwere Selbstverletzung auftreten, sollte sofort professionelle Hilfe gesucht werden. In Notfällen ist es wichtig, nicht
  abzuwarten, sondern Notruf oder psychiatrische Krisen-
  dienste zu kontaktieren.

- **Wenn sich die Situation trotz Unterstützung nicht bes-
  sert:** Falls die betroffene Person über lange Zeit hinweg keine
  Fortschritte macht oder sich sogar verschlechtert, kann eine
  intensivere Therapie notwendig sein.

- **Wenn Angehörige selbst an ihre Grenzen kommen:**
  Auch Freunde oder Familienmitglieder dürfen sich psychologische Unterstützung holen, wenn sie merken, dass sie die Situation zu sehr belastet.

Medikamente und ihr Nutzen

Wann Medikamente sinnvoll sind

Medikamente können eine wertvolle Unterstützung in der Therapie
psychischer Erkrankungen sein. Sie werden in der Regel eingesetzt,
wenn Symptome so stark sind, dass sie den Alltag massiv beeinträch-
tigen oder andere Therapieansätze allein nicht ausreichen.

Typische Indikationen für eine medikamentöse Behandlung sind:

- **Schwere Depressionen** mit Antriebslosigkeit, Suizidgedanken oder tiefgreifender Hoffnungslosigkeit.

- **Posttraumatische Belastungsstörung (PTBS)** mit starken Flashbacks, Panikattacken oder Schlafstörungen.

- **Dissoziative Symptome**, die den Alltag stark einschränken und mit anderen Methoden schwer zu kontrollieren sind.

- **Selbstverletzendes Verhalten (SVV)** oder starke Impulsdurchbrüche, die zu akuter Selbstgefährdung führen.

Wichtig ist jedoch: **Medikamente ersetzen keine Therapie.** Sie sind ein unterstützender Baustein, kein Allheilmittel.

Antidepressiva, Neuroleptika, Beruhigungsmittel – Chancen und Risiken

- **Antidepressiva** (z. B. SSRI, SNRI wie Duloxetin) helfen, Stimmungsschwankungen auszugleichen und Antriebslosigkeit zu reduzieren. Sie wirken jedoch nicht sofort – die ersten spürbaren Effekte treten oft erst nach 2–6 Wochen ein. **Nebenwirkungen** können anfangs verstärkte Ängste, innere Unruhe oder sogar vermehrte Suizidgedanken sein.

- **Neuroleptika** (z. B. Quetiapin, Risperidon) werden oft bei Dissoziationen, Wahnvorstellungen oder starken Stimmungsschwankungen eingesetzt. Sie können beruhigend wirken, haben aber oft Nebenwirkungen wie Gewichtszunahme, Antriebslosigkeit oder motorische Störungen.

- **Beruhigungsmittel (Benzodiazepine)** wie Lorazepam oder Diazepam sollten nur kurzfristig eingesetzt werden, da sie stark abhängig machen können. Sie können in akuten Krisen helfen, sind aber keine langfristige Lösung.

Jedes Medikament hat **individuelle Wirkungen und Nebenwirkungen**. Was bei einer Person hilft, kann bei einer anderen kaum Wirkung zeigen oder starke Nebenwirkungen auslösen.

Medikamente als Unterstützung, nicht als alleinige Lösung

- **Keinesfalls Selbstmedikation!** Psychopharmaka dürfen **niemals** eigenständig abgesetzt, erhöht oder verändert werden. Dies kann zu Entzugserscheinungen, verstärkten Symptomen oder sogar akuter Selbstgefährdung führen. Änderungen müssen immer mit einem Arzt besprochen werden.

- **Eingewöhnungsphase beachten:** Gerade zu Beginn der Therapie kann es zu verstärkter innerer Unruhe, Schlafproblemen oder Stimmungsschwankungen kommen. Diese Phase dauert in der Regel einige Wochen.

- **Keine "Wundermittel":** Medikamente lindern Symptome, heilen aber nicht die Ursachen. Eine begleitende Psychotherapie ist in den meisten Fällen notwendig.

<u>**Ein persönlicher Einblick**</u>:

Ich selbst nehme seit vielen Jahren Duloxetin – aktuell 60 mg, während meiner schwersten Phase waren es 120 mg pro Tag. Hinzu kamen für ein paar Tage Lorazepam und dies habe ich als „Notfallmedikament" weiterhin zu Hause gelagert.

Trotz langer Gewöhnung darf ich die Dosis nicht eigenständig verändern. Ich habe selbst erlebt, dass ein abruptes Absetzen oder eine unkontrollierte Erhöhung fatale Folgen haben kann. Die Nebenwirkungen, bis hin zu verstärktem selbstverletzendem Verhalten oder Suizidgedanken, sind nicht zu unterschätzen.

Langfristige Stabilisierung und Prävention

Rückfälle verstehen und vermeiden

Ein Rückfall bedeutet nicht, dass man versagt hat – er ist ein Teil des Heilungsprozesses. Viele Betroffene erleben Phasen, in denen alte Muster wieder auftauchen. Doch das bedeutet nicht, dass alles umsonst war! Wichtig ist, **den Rückfall als Lernprozess zu sehen**, anstatt sich dafür zu verurteilen.

Wie kann man Rückfälle vermeiden oder besser damit umgehen?

- **Frühwarnzeichen erkennen:** Welche Gedanken oder Gefühle kündigen einen Rückfall an? Oft sind es Überforderung, anhaltender Stress oder bestimmte Trigger. Wer seine eigenen Muster kennt, kann frühzeitig gegensteuern.

- **Einen Notfallplan haben:** Es hilft, sich im Voraus zu überlegen: „Was tue ich, wenn ich merke, dass ich abrutsche?“ Das kann eine Liste mit Ablenkungen sein (z. B. ein Spaziergang, Musik hören, schreiben) oder Menschen, die man im Notfall kontaktieren kann.

- **Sich nicht selbst bestrafen:** Ein Rückfall bedeutet nicht, dass man wieder ganz am Anfang steht. Man hat bereits Strategien gelernt – und diese kann man erneut anwenden. Jeder kleine Fortschritt zählt!

Merke: „Erfolg besteht nicht darin, nie hinzufallen, sondern jedes Mal wieder aufzustehen!“

Aufbau einer gesunden Lebensstruktur

Der Alltag hat einen großen Einfluss auf die psychische Gesundheit. **Eine gute Struktur kann helfen, Stabilität und Sicherheit zu schaffen.**

Wichtige Elemente einer stabilen Lebensstruktur:

- **Feste, aber flexible Tagesabläufe:** Ein strukturierter Tages- und Wochenplan gibt Orientierung. Aber: Er sollte nicht zu überladen sein! Pausen und Pufferzeiten sind essenziell, um Überforderung zu vermeiden.

- **Gesunde Routinen etablieren:** Regelmäßige Mahlzeiten, ausreichend Schlaf, Bewegung – auch kleine Veränderungen können langfristig viel bewirken.

- **Freizeit bewusst gestalten:** Was tut gut? Kreative Hobbys, Zeit in der Natur oder soziale Aktivitäten können helfen, innere Balance zu finden.

Merke: „Struktur gibt Halt – aber sie sollte immer so flexibel bleiben, dass sie nicht zur zusätzlichen Belastung wird!"

Selbsthilfegruppen und Austausch mit anderen Betroffenen

Sich mit anderen Betroffenen auszutauschen, kann unglaublich wertvoll sein. Viele Menschen fühlen sich mit ihren Erlebnissen allein – doch der Austausch zeigt: **Man ist nicht allein!**

Warum Selbsthilfegruppen helfen können:

- **Verständnis ohne viele Erklärungen:** Oft reicht ein kurzer Satz, und andere wissen sofort, wie es sich anfühlt. Dieses gegenseitige Verständnis kann sehr entlastend sein.

- **Praktische Tipps und neue Perspektiven:** Andere Betroffene haben oft ähnliche Erfahrungen gemacht und können hilfreiche Strategien teilen.

- **Motivation und Hoffnung:** Wer andere sieht, die trotz schwieriger Phasen ihren Weg gehen, schöpft selbst Mut. Es gibt immer Lichtblicke!

Selbsthilfegruppen gibt es in vielen Städten und auch online. Wer sich unsicher fühlt, kann erstmal anonym in Foren oder Online-Treffen reinschnuppern.

Merke: "Ich dachte, ich sei allein – bis ich andere getroffen habe, die mich wirklich verstehen."

Fazit: „Heilung ist ein Weg, kein Ziel.“

Jeder Tag ist eine neue Chance. Es gibt Höhen und Tiefen, doch mit den richtigen Strategien, einem stabilen Umfeld und Geduld kann ein Leben mit mehr innerer Ruhe und Stabilität erreicht werden.

Du bist stärker, als du denkst. Jeder Schritt zählt – und du gehst ihn nicht allein.

PART 6: ANKER-STRATEGIEN UND RATGEBER

Alltag stärken – Rückfällen vorbeugen

Was mir heute hilft, stabil zu bleiben und nicht wieder in alte Muster zu verfallen

Nach den intensiven Phasen meiner Therapie war für mich klar:
Ich brauche Werkzeuge, die mir im Alltag helfen. Kleine, aber kraftvolle Rituale, auf die ich mich verlassen kann – jeden Tag.
Dinge, die nicht nur in Notfällen greifen, sondern langfristig Stabilität schenken.
Hier möchte ich euch ein paar dieser Methoden vorstellen, die mir auf meinem Weg sehr geholfen haben.
Vielleicht ist auch etwas dabei, das euch Kraft gibt.

Sinne bewusst nutzen – Aus dem Gedankenstrudel aussteigen

Wenn Angst oder Panik aufkam, habe ich gelernt, mich bewusst auf meine **Sinne** zu konzentrieren. Das klingt im ersten Moment vielleicht seltsam, aber es hilft wirklich. Denn wenn du deine Aufmerksamkeit auf das Außen lenkst, werden die inneren Gedanken automatisch leiser. Man muss das üben – aber es funktioniert.

Hier ein paar Dinge, die <u>mir</u> geholfen haben:

- **Haptik:** Ich hatte immer meinen kleinen Anti-Stressball dabei. Ich nannte ihn liebevoll „Knautschi". Auch ein einfacher Spinner tat es. Hauptsache, ich konnte mich <u>ablenken</u> – spüren, fühlen, greifen.

- **Akustik:** Gleichbleibende, monotone Geräusche beruhigen mich extrem. Für mich sind das Wasserfallgeräusche, Regenklänge – oder auch, so verrückt es klingt: Ein laufender Fön oder Staubsauger. Wichtig war, dass es nichts Hektisches ist. Finde deinen **Wohlfühl-Sound**!

- **Geruchssinn:** Für mich ist es ganz klar – der Duft von **frisch gemahlenem Kaffee**. Dieser Geruch erdet mich sofort. Ich verbinde ihn mit Wärme, Zuhause, Pause. Einfach tief einatmen. Vielleicht hast du auch so einen Duft?

Das alles sind keine „Heilmittel". Aber sie helfen dabei, **den Fokus zu verlagern** – weg vom inneren Chaos, hin zur Gegenwart.

Bewegung als täglicher Anker – Laufen lernen, um frei zu werden

Ein weiterer, sehr wichtiger Punkt für mich war: **Bewegung**.
Ich habe angefangen, täglich spazieren zu gehen. Erst kleine Runden, allein. Ich fühlte mich anfangs komisch – so allein, ohne Ziel, einfach laufen? Aber genau das war es, was ich brauchte. Ich suchte mir ruhige Wege, fuhr mit dem Auto zu kleinen Orten in der Nähe – zum Beispiel zu unserem „Ententümpel". Und dann: gehen. Schritt für Schritt. Die Runden wurden länger. Mein Selbstwert wuchs mit jedem zurückgelegten Meter.

Was ich dabei gelernt habe:

- Das sind erreichbare Ziele, die ich mir setzen konnte.
- Ich hatte eine Aufgabe – mein Körper bewegte sich, und mein Kopf wurde stiller.
- Am Ende kam ich leicht erschöpft, aber zufrieden nach Hause.

Heute gehe ich täglich. Ob Einkaufen, Waldspaziergang oder einfach eine Runde durchs Viertel. Es ist meine tägliche Belohnung. Und manchmal ist es das Einzige, was mir hilft, den Gedankenstrudel gar nicht erst aufkommen zu lassen.

Und das Schönste: Die Menschen unterwegs grüßen mich, ich grüße zurück. Ich merke, wie **offen** ich geworden bin.
Und ich lächle.
Das verändert so vieles.

Der Umgang mit sozialen Kontakten – Nähe mit Grenzen

Ein oft unterschätztes Thema. Für mich war das sehr ambivalent. In der Gruppentherapie habe ich es genossen, mich auszutauschen. Es entstanden „fast Freundschaften". Doch ich spürte: Ich möchte mich ganz auf mich selbst konzentrieren. Ich wollte nicht ständig durch neue Probleme von anderen wieder ins Grübeln geraten. Deshalb habe ich mich entschieden, **keine engen Freundschaften aus der Therapie** mitzunehmen. Und das war okay.

Stattdessen habe ich meine **alten, echten Freundschaften** reaktiviert. Ich habe gesprochen – mit meiner Familie, mit meiner Lebensgefährtin, mit meinen Freunden. Ich habe ihnen erklärt, was in mir passiert war. Und sie haben zugehört. Mich nicht verurteilt.
Die sichtbaren Narben sind für sie heute unsichtbar.
Und die seelischen – sie verblassen langsam.

Ich bin heute **unglaublich dankbar** für diese Menschen in meinem Leben.
Ich habe begonnen, mein Leben zu lieben. Weil ich **akzeptiert** habe, was war.
Und ich habe das Beste daraus gemacht.

Ein letzter Gedanke

Es geht nicht darum, perfekt zu funktionieren.
Es geht darum, **immer wieder aufzustehen.**
Ehrlich zu sich selbst zu sein.
Sich selbst zu <u>akzeptieren</u>.

Und: Stolz zu sein.
Auf jeden kleinen Schritt.
Auf jeden Stein, den man selbst beiseite räumt.

Der Kampf wird weniger. Und die schönen Momente mehr.

Das verspreche ich euch.

PART 7: SEELENANKER – WORTE, DIE BLEIBEN DÜRFEN

Manchmal braucht es keine langen Erklärungen. Nur ein paar Worte, die still neben dir sitzen.

Worte, die nicht verändern – aber erinnern.
Dass du da bist. Dass du spürst. Dass du auf dem Weg bist.

Während meiner schwersten Zeiten waren es oft genau diese kleinen Gedanken, die mich gehalten haben. Sie waren meine **Seelenanker**. Und vielleicht werden sie auch für dich zu einem stillen Begleiter – in schweren Momenten oder einfach nur, wenn du dich erinnern willst, wie stark du bist.

<u>Wenn du Mut brauchst</u>

Mut bedeutet nicht, keine Angst zu haben. Mut bedeutet,
trotzdem weiterzugehen.

Du bist nicht schwach, nur weil du müde bist. Du bist stark,
weil du weitermachst – selbst mit zitternden Schritten.

Auch leise Schritte führen ans Ziel.

❧

Du bist kein Kampf, du bist der, der ihn führt. Und das allein ist schon mutig.

❧

Manchmal ist der Mut nicht laut. Sondern einfach nur: aufstehen.

❧

Es braucht keinen Plan. Nur einen ersten kleinen Schritt.

❧

Du darfst Angst haben. Aber sie darf dich nicht aufhalten.

Der Berg sieht nur von unten so riesig aus.

～

Jeder Tag, an dem du weitermachst, ist ein Sieg, den nur du
kennst.

～

Mut ist, zu bleiben, wenn du wegrennen willst. Oder zu gehen, wenn du nicht mehr kannst.

Wenn du loslassen willst

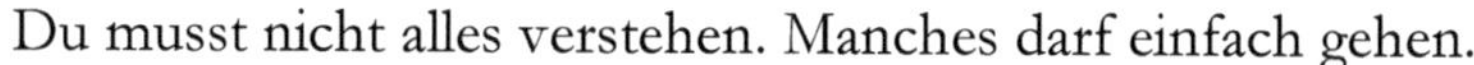

Du musst nicht alles verstehen. Manches darf einfach gehen.

Der Wind nimmt dir manchmal das Alte, um deine Hände für Neues zu öffnen.

Vertrauen beginnt dort, wo du aufhörst, alles zu kontrollieren.

Was du trägst, muss nicht für immer deins sein.

Es ist nicht deine Aufgabe, alles zu reparieren, was dich zerbrochen hat.

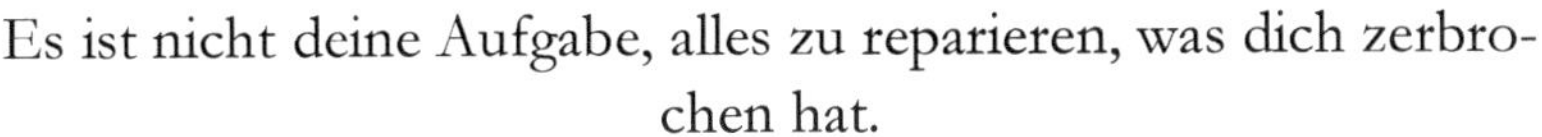

Manches endet, damit du beginnen kannst.

Lass los, nicht weil es dir egal ist, sondern weil du Frieden willst.

Auch ein Vogel muss den Ast verlassen, um fliegen zu können.

Die Vergangenheit erklärt dich. Aber sie definiert dich nicht.

Wenn du dich wiederfinden willst

Du musst nicht werden – du darfst einfach du sein.

Heilung beginnt nicht mit Antworten, sondern mit ehrlichem Zuhören.

Du bist kein Fehler. Du bist ein Mensch auf seinem Weg.

Es ist okay, wenn du dich verlierst. Wichtig ist nur, dass du dich wieder suchst.

Du bist genug. Immer schon gewesen.

Selbstmitgefühl ist kein Egoismus. Es ist Überleben.

Jeder Teil von dir hat seine Geschichte. Und alle zusammen machen dich aus.

Dein Tempo ist richtig, solange du nicht stehen bleibst.

Nicht alles, was du denkst, bist du. Und nicht alles, was du warst, bist du noch.

Wenn du Kraft aus der Stille suchst

Die Bäume lehren uns: Es ist okay, im Herbst loszulassen.

Selbst nach dem härtesten Winter blüht die Wiese wieder.

Manchmal reicht es, barfuß im Gras zu stehen, um zu wissen: Ich lebe.

Dunkle Tage nehmen dir nicht dein Licht. Es bleibt in dir.

Die Natur drängt nicht. Und doch geschieht alles zur rechten
Zeit.

Du bist wie ein Fluss: in Bewegung, voller Tiefe, nie ganz gleich.

Es gibt Kraftorte. Manchmal sind sie leise. Manchmal bist du
selbst einer.

Im Nebel sieht man nicht weit. Aber man kann weitergehen.

Auch ein leiser Tag kann heilend sein.

GLOSSAR

Tages-/Wochenplan:
Ein strukturierter Plan zur Organisation des Alltags mit erreichbaren
Zielen und ausreichend Freiräumen für Flexibilität und Pausen.

Krisenplan:
Ein individuell erstellter Notfallplan mit Strategien zur Bewältigung
akuter Belastungssituationen, z. B. Notfallkontakte oder Ablenkungs-
methoden.

Trigger:
Reize oder Situationen, die belastende Erinnerungen, Gefühle oder
dissoziative Zustände auslösen können.

Achtsamkeit:
Eine Technik zur bewussten Wahrnehmung der Gegenwart, die hilft,
Gedankenkarusselle zu durchbrechen und sich zu stabilisieren.

Dissoziation:
Ein Zustand, in dem sich das Bewusstsein von der Realität abspaltet,
oft als Schutzmechanismus in traumatischen Situationen.

Selbstverletzendes Verhalten (SVV):
Handlungen wie Schneiden oder Schlagen, die als Bewältigungsstrategie für starke emotionale Spannungen dienen können.

EMDR (Eye Movement Desensitization and Reprocessing):
Eine Therapieform, die durch bilaterale Stimulation (z. B. Augenbewegungen) hilft, traumatische Erinnerungen zu verarbeiten.

Kognitive Umstrukturierung:
Eine Methode aus der Verhaltenstherapie, um negative Denkmuster
zu erkennen und positiv zu verändern.

Neuroleptika:
Medikamente, die zur Behandlung psychischer Erkrankungen wie
Psychosen oder schweren Angstzuständen eingesetzt werden.

Antidepressiva:
Medikamente zur Behandlung von Depressionen und Angststörun-
gen, die oft eine Eingewöhnungszeit benötigen und unter ärztlicher
Kontrolle eingenommen werden müssen.

Selbsthilfegruppen:
Gemeinschaften, in denen sich Betroffene austauschen, Unterstützung finden und gemeinsam Bewältigungsstrategien entwickeln können.

PTBS (Posttraumatische Belastungsstörung):
Eine psychische Erkrankung, die nach traumatischen Erlebnissen
auftreten kann und durch Flashbacks, Vermeidung und starke
Angstreaktionen gekennzeichnet ist.

Depression:
Eine ernsthafte psychische Erkrankung, die durch anhaltende Nie-
dergeschlagenheit, Antriebslosigkeit und Interessenverlust gekennzeichnet ist.

Therapie:
Eine professionelle Behandlung psychischer Erkrankungen durch
Gesprächstherapie, Verhaltenstherapie oder andere Methoden.

Verhaltenstherapie:
Hilft, unerwünschte Verhaltensweisen durch gezielte Techniken zu
ändern

Medikation:
Der Einsatz von Medikamenten zur Unterstützung der psychischen
Stabilität. Muss immer unter ärztlicher Aufsicht erfolgen.

Eingewöhnungsphase (Medikamente):
Eine Phase, in der sich der Körper an ein neues Medikament gewöhnt. Nebenwirkungen sind möglich.

Suizidgedanken:
Gedanken an Selbsttötung, die ernst genommen und professionell behandelt werden müssen.

Rückfälle:
Ein erneutes Auftreten von Symptomen nach einer Verbesserung. Teil des Heilungsprozesses und durch Strategien bewältigbar.

Resilienz:
Die psychische Widerstandskraft, mit Krisen und Herausforderungen umzugehen.

Struktur im Alltag:
Feste Routinen und Tagesabläufe helfen, Sicherheit und Orientierung zu schaffen.

Selbstfürsorge:
Bewusste Maßnahmen zur eigenen mentalen und körperlichen Gesundheit, wie Pausen, Hobbys oder Entspannungsübungen.

Unterstützung durch das Umfeld:
Die Hilfe von Familie und Freunden kann entscheidend sein. Wichtig ist jedoch auch, Grenzen zu setzen.

Klinikaufenthalt:
Eine stationäre Behandlung kann in schweren Fällen notwendig sein, um intensive therapeutische Hilfe zu erhalten.